LA MYTHOLOGIE

COMPARÉE

AVEC L'HISTOIRE.

II.

PARIS. — IMPRIMERIE DE FAIN, RUE RACINE, N°. 4,
PLACE DE L'ODÉON.

LA MYTHOLOGIE
COMPARÉE
AVEC L'HISTOIRE;

SUIVIE

DE RECHERCHES SUR L'ANCIENNE RELIGION DES
HABITANS DU NORD.

PAR M. L'ABBÉ DE TRESSAN.

OUVRAGE ADOPTÉ PAR LE CONSEIL DE L'UNIVERSITÉ.

HUITIÈME ÉDITION,

Ornée de seize Planches en taille-douce, dans le goût antique,
représentant 75 sujets

TOME SECOND.

A PARIS,

CHEZ L. DUFOUR ET E. D'OCAGNE, LIBRAIRES,
QUAI VOLTAIRE, N°. 13;
ET A AMSTERDAM, MÊME MAISON.

1826.

LA MYTHOLOGIE
COMPARÉE
AVEC L'HISTOIRE.

DES DEMI-DIEUX
ET DES HÉROS.

RÉFLEXIONS PRÉLIMINAIRES.

Nous avons déjà dit, dans nos réflexions préliminaires sur l'origine de l'idolâtrie, que les premières familles se séparèrent, et que des colonies très-nombreuses, après s'être avancées dans l'intérieur des terres avec l'espoir d'y trouver plus de repos et de bonheur, tombèrent bientôt dans la barbarie la plus grossière. Elles n'avaient emporté avec elles que des souvenirs confus des anciennes traditions. Chaque jour altéra de plus en plus la connaissance du vrai Dieu : les mouvemens impétueux des passions devinrent leurs seuls guides, et l'homme, ainsi dégradé, se précipita d'erreur en erreur ; il parvint enfin à ce point funeste où la croyance au Dieu juste et puissant, qui récompense et punit, n'est plus qu'un tourment affreux pour le coupable. Ce fut alors que l'impie, effrayé à chaque coup de foudre, à chaque danger, crut s'arracher à son état cruel en invoquant le doute, et proféra cet horrible blasphème : *Il n'est point de Dieu.*

Après avoir rompu ce dernier frein, l'ignorance et la barbarie achevèrent ce que le crime avait commencé. Des pères corrompus produisirent des générations plus corrompues encore. La vertu, la vérité, ne trouvèrent plus d'asile sur la terre ; elles remontèrent dans le ciel, et furent remplacées par tous les vices. On n'écouta plus que ses désirs, on n'employa plus que la force pour les satisfaire. Ces races coupables, après avoir oublié jusqu'au Dieu qui les avait créées, ne formèrent plus que des peuplades de brigands, qui s'égorgeaient entre eux ; et la faiblesse, ne trouvant aucun appui pour la défendre, ne put se soustraire aux lois arbitraires de la force.

Cependant, comme le crime n'a d'autre propriété que celle d'ajouter sans cesse à ses propres maux, et celle de flétrir tout ce qu'il touche, l'expérience et la lassitude du malheur vinrent enfin rendre quelque moralité au monde.

On sentit la nécessité de chercher une protection plus puissante que celle des hommes, on espéra la trouver dans le ciel; mais le vrai Dieu n'étant plus connu, les élémens, les astres, et tous les événemens qui s'élevaient au-dessus de la force humaine, furent adorés.

Ces divinités imaginaires ne purent suffire; on crut ajouter à leur pouvoir en les multipliant. L'homme, conservant tout son orgueil au milieu des maux qui l'accablaient, porta sa folie jusqu'à rendre des honneurs divins à ceux de ses semblables qui se faisaient redouter, ou qui le secouraient dans ses besoins. Bientôt les abus de la force réduisirent à se réunir contre elle; la guerre naquit, et l'homme ajouta ce fléau terrible aux maladies, aux besoins, à tous les maux par lesquels la nature semble vouloir à chaque instant lui ravir sa fragile existence.

Dans les premiers combats, le courage attira tous les regards, et la faiblesse craintive ne prétendit point alors disputer le premier rang ni les dangers à celui qui seul avait le pouvoir de la défendre; mais, après la victoire, la cupidité, l'orgueil, l'ambition, reprenaient leur empire. L'homme triomphant et courageux ne voulait plus rentrer dans la foule; son élévation blessait; l'envie d'une part, l'ingratitude de l'autre, excitaient la fureur; de nouveaux combats ensanglantaient la terre(et combien ne fallut-il pas de meurtres pour contraindre à reconnaître qu'il fallait d'autres lois que les mouvemens féroces des passions ! Bientôt il ne fut que trop prouvé que les guerres seraient éternelles; on en fit le plus terrible des arts. Chacun sentit la nécessité de sacrifier une partie de son orgueil au besoin beaucoup plus pressant d'être protégé; on assigna des récompenses au vainqueur; la force et le courage marquèrent le rang que chacun devait occuper. Ce fut alors que l'émulation naquit. Elle est inséparable de la gloire; et la gloire, qui veut toujours être juste lorsqu'elle distribue ses dons, força l'admiration et la reconnaissance à couronner celui qui rapportait le plus grand nombre de trophées, et s'était montré le plus capable de se défendre. Telle est la véritable origine des rois et des héros que la folie des hommes prétendit par la suite élever au rang des dieux.

Il faudrait une plume beaucoup plus éloquente et plus exercée que la nôtre, pour bien tracer l'histoire des premiers momens où les hommes se civilisèrent et sentirent la nécessité d'obéir à des lois sages qui combattaient leurs désirs et leurs passions. Ce tableau nous entraînerait trop loin de notre sujet ; nous nous bornons à faire observer que, dans ces temps horribles où la vie n'était qu'un tissu de crimes et de malheurs, le premier des mortels qui consacra sa force et son adresse à protéger l'innocence et la faiblesse, dut nécessairement obtenir l'admiration et la reconnaissance; tandis que celui qui n'usa de la victoire que pour assouvir ses désirs, ne dut inspirer que l'effroi. Un bonheur réel récompensa le premier, tandis que le second ne pouvait trouver un instant de repos. Ce fut ainsi que l'expérience conduisit les hommes à reconnaître que le crime punit celui qui le commet, et que la vertu récompense celui qui la suit.

Aussitôt que cette grande vérité fut admise, la terre offrit le spectacle de quelques familles heureuses; leur exemple entraîna; les associations se formèrent ; l'amitié vint doubler le nombre, la force et le bonheur de ces familles privilégiées, et les qualités sociales durent s'accroître à mesure qu'elles se multiplièrent.

NOTIONS GÉNÉRALES SUR L'HISTOIRE DE LA GRÈCE, ET SUR LES TEMPS NOMMÉS HÉROÏQUES.

C'est dans la Grèce que l'héroïsme a pris naissance ; c'est dans son histoire qu'il en faut chercher l'origine : car il est généralement reconnu que les Égyptiens n'avaient aucun culte pour les demi-dieux. Ils n'accordaient ce titre à personne, et se bornaient à louer la mémoire des grands hommes.

Ici se présente une nouvelle carrière, et disparaissent les ténèbres qui enveloppaient les fables des dieux. Nous rencontrons encore des fables à chaque pas, mais elles seront moins absurdes; et ce temps, tout fabuleux qu'il est, laisse entrevoir une sorte de lueur historique, qui sert à développer les fictions. Des tombeaux rappellent, par des traditions suivies, le souvenir des grands hommes dont ils renferment les cendres. Des monumens héroïques et des cérémonies annuelles remettent devant les yeux l'histoire de ceux dont ils perpétuent la mémoire. On reconnaît surtout que ces héros ont véritablement existé, en voyant célébrer dans des temps marqués les jeux qu'ils avaient eux-mêmes institués.

Nous croyons indispensable de fixer pendant quelques momens l'attention de nos lecteurs sur l'origine du peuple le plus célèbre de l'univers. Si la Grèce présente d'abord l'aspect de l'ignorance et de la barbarie, on la voit bientôt se civiliser et s'accroître, former des monarchies, et surtout s'illustrer en cultivant les sciences et les arts. C'est par les Grecs que la poésie, l'éloquence, l'architecture, la sculpture et la peinture, ont été portées au plus haut point de perfection où elles puissent atteindre. C'est à ce peuple enfin que nous devons nos plus parfaits modèles dans tous les genres.

En jetant un coup d'œil rapide sur les commencemens des Grecs, on les voit passer de l'état de barbarie à une vie plus douce et plus convenable. Ils abandonnent bientôt les cavernes, les creux des arbres et les forêts, pour venir habiter des cabanes, des bourgs, des villes. Quelques chefs de colonies civilisées leur apportent les sciences, les arts, des lois, un culte religieux. Habiles à profiter des leçons de leurs maîtres, ils les surpassent en peu de temps, et voient naître parmi eux des héros dont les noms sont immortels. C'est alors que l'on parvient à l'histoire de Persée, Bellérophon, Hercule, Thésée, Castor et Pollux, et mille autres, dont les actions prodigieuses ont été chantées par leurs poëtes, et sont encore représentées sur nos théâtres. On apprend en même temps comment furent institués ces jeux et ces fêtes qui rendirent la Grèce si célèbre.

Le pays que nous connaissons aujourd'hui sous le nom de Grèce n'a pas toujours eu la même étendue qu'il avait lorsqu'il fut soumis aux Romains ; il a même souvent changé de nom. Partout le texte hébreu de l'Écriture-Sainte le nomme *pays de Javan*, et la version des Septante le nomme *Hellas* ou *Hellenus*, d'*Hellen*, fils de Deucalion, qui régna en Phthiotide, pays de la Thessalie, et donna son nom à toute la Grèce.

Il est remarquable que le nom hébreu *Javan* n'ayant rien qui détermine sa prononciation, ressemble à celui d'*Ion* ; et les premiers *Ioniens* connus étaient dans la Grèce. Ils en furent probablement les premiers habitans. Bientôt les Phéniciens, les plus grands navigateurs du monde, y portèrent le commerce, et surtout l'écriture, qu'ils furent les premiers à connaître. Les Égyptiens y envoyèrent aussi des colonies. Ce peuple sage, qui jouissait de tous les biens que procure un bon gouvernement, et de tous les avantages que l'on peut retirer des sciences et des arts, leur apprit à chercher le repos sous la conduite d'un monarque. Il leur fit sentir la nécessité des bonnes lois, et celle d'inspirer aux hommes la crainte de la divinité. Malheureusement il était lui-même dans l'erreur ; il n'apporta que sa religion et ses faux dieux.

Nous avons déjà parlé dans cet ouvrage de l'ignorance des Grecs sur leur origine. Leur vanité n'était pas moins grande ; ils prétendaient être le plus ancien et le premier des peuples. En conséquence, ils se disaient *Authocthones*, c'est-à-dire, *nés dans le pays même*, et se regardaient comme les pères et les instituteurs de tous les autres peuples. La ressemblance des noms de leurs héros avec ceux de ces peuples qui leur étaient étrangers, paraissait à leur amour-propre une preuve suffisante. Ce qu'on sait avec certitude, c'est que *Javan*, fils de Japhet, connu par les Grecs sous le nom d'*Iapet*, eut l'Occident pour son partage. C'est de lui que sont sortis tous les *Ioniens* et tous les *Grecs*. Cet ancien patriarche conduisit sa colonie dans l'Occident, après la séparation arrivée à la tour de Babel ; mais on ignore le lieu particulier qu'il choisit pour sa demeure. On croit qu'il s'arrêta dans l'Asie Mineure, d'où ses descendans traversèrent probablement le Bosphore de Thrace pour se rendre dans la Grèce.

Voilà sans contredit les premiers habitans

de ce pays, et quel était l'Iapet dont les poëtes et les historiens ont tant parlé.

Selon *Pausanias*, Pélasgus fut le premier homme extraordinaire qui parut dans ce pays. Il surpassait les autres hommes en grandeur, en force, en courage, en bonne mine et par les qualités de son esprit. Il demeurait dans l'Arcadie; il apprit à ce peuple à se faire des cabanes, pour se défendre de la pluie, du froid, de la chaleur; il leur fit contracter l'usage de se vêtir de peaux d'animaux, de se nourrir du fruit que porte le hêtre. Pour prix de ses services, il fut toujours regardé comme le chef et le roi du pays. Sa mémoire fut tellement respectée, que la contrée où il vivait garda le nom de Pélasgie. Ses enfans, témoins de sa gloire, le prirent pour modèle, et le peuple, reconnaissant, laissa tout le pouvoir entre leurs mains. Trois générations après Pélasgus, une immense population et un grand nombre de villes couvraient l'Arcadie. Voilà, suivant Pausanias, les premiers habitans de la Grèce.

Quelque temps après, les colonies égyptiennes et phéniciennes vinrent changer les mœurs, les coutumes et la religion de ce pays.

Les descendans d'Iavan et ceux des Pélasges ne suffisaient point pour peupler cette belle et vaste contrée. La Phénicie et l'Égypte, voisines des lieux où s'étaient faits les premiers établissemens des enfans de Noé, envoyèrent des colonies de leurs trop nombreux habitans chercher de nouveaux climats : ils vinrent dans l'Occident, apportant avec eux leurs arts, leurs coutumes, leurs lois, leur religion. L'idolâtrie la plus grossière régnait alors dans la Grèce; les dieux qu'on y adorait n'avaient pas même de noms; de sorte que les habitans du pays s'accommodèrent sans peine des divinités de ces mêmes peuples orientaux, auxquels ils devaient leur civilisation et plus de bonheur.

Parmi les conducteurs de ces colonies, les plus connus sont Inachus, Cécrops, Deucalion, Cadmus, Pélops et quelques autres. Les différentes colonies formèrent les royaumes d'Argos, de Sicyone, d'Athènes, de Thèbes et de Lacédémone.

Une histoire exacte et générale des commencemens de la Grèce dépasserait les bornes que nous nous sommes prescrites dans cet ouvrage; elle nous écarterait même de notre but. Nous nous bornerons donc à donner des notions suffisantes pour prouver que les demi-dieux et les héros les plus célèbres de la fable ont existé.

ROYAUME D'ARGOS.

Les recherches historiques les plus certaines prouvent qu'Inachus quitta la Phénicie, et vint dans la Grèce fonder le royaume d'Argos, environ dix-huit cent quatre-vingts ans avant Jésus-Christ. Il s'établit dans le pays qui fut appelé Péloponèse. Il fit creuser un lit au fleuve Amphiloque, très-sujet à déborder, et lui donna son nom ; ce qui fit publier, selon la coutume de ce temps, qu'il était la divinité tutélaire de ce fleuve.

Le royaume d'Argos eut une longue suite de rois. Les neufs premiers, nommés *Inachides*, furent *Inachus, Phoronée, Apis, Argus, Chriosus, Phorbas, Triopas, Sthénélus* et *Gélanor*.

Le second fils d'Inachus, frère de Phoronée, et qui se nommait *Égialée*, fonda le royaume de Sicyone. Nous ne donnerons pas la liste des rois de ces divers royaumes ; on pourra vérifier leur existence et leur succession au trône dans toutes les histoires de la Grèce.

Nous remarquerons cependant Danaüs, contemporain de Moïse. Il abandonna l'Égypte avec sa famille, et vint dans le royaume d'Argos, sous le règne de Gélanor, neuvième roi d'Argos de la race des Inachides. Le commencement du règne de Gélanor fut rempli de troubles. Danaüs en profita pour se faire un parti considérable, et détrôna le bienfaiteur qui l'avait accueilli. Les Inachides furent alors remplacés par les Bélides.

Danaüs avait eu cinquante filles de ses diverses femmes ; les enfans de son frère Égyptus étaient au même nombre. Ces derniers ayant appris que leur oncle occupait un trône dans la Grèce, s'embarquèrent avec le projet de demander leurs parentes en mariage. Danaüs n'osa les refuser ; mais tout portant ombrage à cet usurpateur, il donna l'ordre à ses filles d'égorger leurs maris pendant la première nuit des noces. Nous avons déjà dit que la seule Hypermnestre sauva Lyncée son époux. Ce prince fit la guerre à Danaüs, que le repentir de son crime et la crainte déterminèrent enfin à lui céder la couronne. Les successeurs de Lyncée furent Abas, Prœtus, et Acrisius qui eut pour fille Danaé, mère de Persée, si célèbre dans les fables, et dont nous parlerons bientôt. Ce même Persée, ayant tué involontairement Acrisius, son grand-père, quitta le royaume d'Argos, et vint s'établir à Mycène.

Cet extrait suffira pour prouver qu'en recourant à l'histoire on trouvera toutes les époques auxquelles vécurent les personnages célèbres dont parle la fable.

DES TEMPS HÉROÏQUES OU FABULEUX.

Les anciens et les modernes conviennent tous que les temps héroïques ou fabuleux s'étendaient depuis Ogygès jusqu'au rétablissement des olympiades, époque à laquelle commencent les temps historiques. On n'est point d'accord sur la durée de cet espace ; une grande partie des savans l'évaluent à seize siècles ; mais c'est avec autant de confiance que de respect que nous adopterons le calcul de l'illustre chevalier Newton, qui l'a rapproché de l'ère vulgaire d'environ cinq cents ans, et a déterminé sa durée à douze ou treize siècles.

Les marbres de Paros, le monument le plus authentique de l'ancienne chronologie, servent de guide depuis Cécrops jusqu'aux olympiades, sans déterminer positivement la durée des temps héroïques.

Pour faciliter la mémoire, nous allons encore rappeler la célèbre division des temps par Varron.

Il distinguait les temps inconnus, les temps

héroïques ou fabuleux, et les temps historiques.

Les premiers renfermaient tout ce qui était arrivé avant le déluge d'Ogygès : c'était dans cet intervalle qu'on trouvait les dieux dont nous avons déjà parlé dans cet ouvrage.

Les seconds s'étendaient depuis Ogygès jusqu'au rétablissement des olympiades : c'est alors que vivaient les demi-dieux et les héros ; c'est aussi dans ce second espace que l'on trouve les marbres de Paros ou d'Arundel.

Enfin les troisièmes temps, nommés historiques, commencent au rétablissement des olympiades.

Les temps appelés inconnus, par Varron, l'étaient effectivement par les Grecs, d'abord grossiers et vagabonds ; mais les peuples orientaux, qui jouissaient de tous les avantage des arts et des sciences, connaissaient beaucoup mieux ces mêmes temps. Inachus, en conduisant ses colonies dans la Grèce, porta ses connaissances aux peuples sauvages de cette contrée. La suite de cet ouvrage prouvera combien il est facile de distinguer l'histoire et la vérité d'avec le merveilleux et les fictions des poëtes.

DÉLUGE D'OGYGÈS.

Ce déluge est si célèbre, qu'il est indispensable d'en parler. Les historiens grecs disent qu'Ogygès régnait dans l'Attique et la Béotie en même temps que Phoronée gouvernait l'Argolide, et que ce fut alors qu'arriva le déluge qui porta son nom. Saint Augustin, dans ses livres de la Cité de Dieu, nous a conservé des morceaux précieux sur l'antiquité grecque. Ils confirment que le déluge arriva sous Ogygès, environ seize cent quatre-vingt-seize ans avant l'ère chrétienne.

Il ne faut pas confondre ce déluge avec celui qui fut universel. Les anciens nous apprennent que la Béotie est un pays environné de montagnes. Le centre formait un vallon, au milieu duquel on voyait un lac qui n'avait d'issue que par des canaux souterrains; les eaux s'écoulaient au travers du mont Ptoüs. Des éboulemens de terre, et le limon entraîné par le fleuve Colpias, qui se jette dans le lac, bouchèrent probablement les canaux souterrains; de sorte que les eaux, n'ayant plus d'issue, s'élevèrent d'autant plus considérablement, que de grandes pluies vinrent ajouter à l'inondation. La Béotie se trouva bientôt entièrement couverte.

Voeser, dans son Voyage de la Grèce, après avoir attentivement observé le pays, assure que ce déluge si célèbre n'a jamais eu d'autre cause. Les poëtes s'emparèrent de cet événement pour le raconter à leur manière. Il donna lieu aussi à de nombreuses dissertations parmi les savans. Quelques pères de l'église, dans leurs écrits contre l'idolâtrie, paraissent croire que ce déluge ne fut autre chose que le passage de Moïse au travers de la Mer-Rouge ; mais il paraît certain qu'Ogygès vivait avant le législateur des Hébreux, et qu'il faut expliquer ce déluge de la manière que nous venons de dire.

MARBRES DE PAROS.

Les marbres de Paros étant le monument le plus authentique et le plus précieux que l'histoire puisse offrir, il nous paraît indispensable d'en parler. La première époque de cette chronique commence à l'arrivée de Cécrops dans la Grèce, et c'est de ce temps que l'on ne peut plus s'égarer dans l'histoire de ce pays.

Cette fameuse chronique, nommée vulgairement les *Marbres de Paros*, est une suite de morceaux de marbre qui contiennent la chronologie des principaux événemens arrivés dans la Grèce, en commençant à Cécrops, et en finissant à l'archontat de Diognète, c'est-à-dire treize cent dix-huit ans après. Cette chronique fut faite par autorité publique, soixante ans après la mort d'Alexandre, pour servir aux Athéniens, dans la quatrième année de la cent vingt-huitième olympiade. Les dates qu'elle fixe ne faisant aucune mention des olympiades, il paraît certain que ces dernières ne servaient point à fixer la chronologie, et que les marbres de Paros avaient seuls cet avantage. Timée de Sicile, dans son histoire, paraît être le premier écrivain qui compta par olympiades; il n'écrivait que soixante-six ans après la mort d'Alexandre.

Les marbres de Paros sont donc le monument historique le plus précieux et le plus certain que nous ayons de l'antiquité. Leur nom vient de ce qu'ils ont été déterrés dans l'île de Paros; ils furent ensuite vendus au lord Arundel, dont ils portent aujourd'hui le nom, et sont un des plus beaux ornemens de la bibliothéque de l'université d'Oxford. Malheureusement ils sont très-endommagés en plusieurs endroits; souvent même, on ne lit qu'avec beaucoup d'attention et de peine quelques mots sur plusieurs des époques qu'ils contiennent. Trois savans, Selden, Lydiat et Prideaux, ont travaillé à les éclaircir et à suppléer, autant qu'il était possible, au texte effacé.

ROYAUME D'ATHÈNES.

Les interprètes des marbres d'Arundel ou Paros nous apprennent que ce fut sous le règne de Triopas, septième roi d'Argos, que Cécrops vint d'Égypte s'établir dans l'Attique. Il épousa la fille d'*Actéus*, qui donna son nom au pays, et il fonda douze bourgs dont il composa le royaume d'Athènes. Il y établit les lois de son pays, le culte de ses dieux, et sutout celui de Minerve, si particulièrement honorée à Saïs sa patrie. Ces faits sont attestés par toute l'antiquité. Ce fut lui, dit Eusèbe, qui le premier donna le nom de dieu à Jupiter, et lui éleva un autel.

La grande ressemblance entre les lois que ce prince donna aux Athéniens, et celle du peuple hébreu, porte à croire qu'il les avait apprises des Israélites pendant leur séjour dans l'Égypte.

Les poëtes donnaient à Cécrops le nom *Diphnès*, c'est-à-dire *composé de deux natures*. La fable le représente aussi comme moitié homme et moitié serpent. L'origine de ce nom et de cette manière de le peindre était une simple allégorie pour désigner la langue égyptienne et la langue grecque que Cécrops parlait également. Ce fut ce prince qui régla les lois du mariage, et polit les mœurs des Pélasges en leur faisant adopter les coutumes égyptiennes. Il est bien démontré qu'Athènes, la reine des arts, des sciences et de la politesse, doit ses commencemens à l'Égypte. Cécrops rassembla les habitans du pays, leur apprit à former un établissement solide, et fit bâtir une forteresse qui, d'après lui, se nomma Cécropie.

Le royaume d'Athènes dura plus de quatre cents ans, sous dix-sept rois : Cécrops, Cranaüs, Amphictyon, Érichthonius, Pandion premier, Érechthée, Cécrops second, Pandion second, Égée, Thésée, Mnesthée, Démophoon, Oxynthès, Aphydas, Thymoëtès, Mélanthe, et Codrus qui se dévoua pour sa patrie. Cranaüs, originaire du pays, succéda à Cécrops et régna neuf ans. Les marbres de Paros nous apprennent que ce fut sous son règne que l'Aréopage, établi par Cécrops, rendit le jugement entre Neptune et Mars, dont nous avons parlé dans le premier volume. Les mêmes marbres placent à la quatrième année du règne de ce prince le déluge de Deucalion dont nous parlerons bientôt. Après Codrus furent élus des magistrats perpétuels nommés *archontes*. L'histoire des premiers rois d'Athènes, jusqu'à Démophoon, est remplie de fables; mais la chronologie de chacun de ces rois est certaine, puisque les marbres en marquent les principaux événement et fixent leurs époques.

Ce fut environ mille quatre-vingt-quinze ans avant l'ère chrétienne, dit Bossuet, que Codrus, roi d'Athènes, se dévoua à la mort pour le salut de son peuple, et lui procura la victoire en périssant. Ses enfans, Médon et Mélée, disputèrent entre eux le royaume. Les Athéniens, à cette occasion, abolirent la royauté, et déclarèrent Jupiter seul roi d'Athènes. Ils créèrent des gouverneurs, ou présidens perpétuels, nommés *archontes*. Ils devaient des comptes rigoureux de leur administration. Médon, fils de Codrus, exerça le premier cette magistrature, et sa famille la conserva long-temps. Les Athéniens répandirent leurs colonies dans la partie de l'Asie Mineure, qui fut appelée Ionie; les colonies éoliennes se firent à peu près dans le même temps, et toute l'Asie Mineure se remplit de villes grecques.

ROYAUME DE LACONIE OU LACÉDÉMONE.

Le royaume de Laconie fut fondé, pendant le règne de Cécrops, par Lélex, qui lui donna le nom de Lélégie.

La première dynastie des rois de ce pays était composée de douze. Le premier fut Eurotas, qui donna son nom au fleuve principal qui coule dans le pays. Lacédémon son frère lui succéda, et donna son nom à la ville capitale et au royaume. Le troisième fut Amiclas, qui bâtit une nouvelle ville qui porta son nom. Nous nous contenterons de nommer Argalus, Cynortas, OEbalus, Hippocoon, Tyndare; Castor et Pollux, fils de Tyndare et frères d'Hélène; Ménélas, fils d'Atrée, à qui Hélène porta la couronne; Oreste, fils d'Agamemnon, et Hermione, fille de Ménélas et d'Hélène; et enfin le douzième fut Tisamène, fils d'Oreste.

Ce fut sous le règne de ce dernier que les Héraclides, descendans d'Hercule, entrèrent dans le Péloponèse, et se rendirent maîtres des royaumes d'Argos, de Mycène et de Lacédémone. Ensuite Eurysthène, fils d'Aristodème, monta sur le trône, et commença la seconde dynastie des rois de Sparte, que l'on nomma des *Agides*, à cause d'Agis son fils.

~~~~~~~~~~

DÉLUGE DE DEUCALION.

Nous avons déjà dit, d'après les marbres d'Arundel, que ce fut pendant le règne de Cranaüs que le déluge de Deucalion arriva. Ces mêmes marbres attestent qu'après l'écoulement des eaux, Deucalion alla à Athènes remercier les dieux de l'avoir préservé de l'inondation de son pays. Il offrit des sacrifices à Jupiter dans un temple qu'il fit élever en son honneur. Ce temple subsistait encore au temps de Pisistrate, qui le fit rétablir avec une dépense infinie. Il devint par la suite une des sept merveilles du monde, sous le nom de Temple de Jupiter Olympien.

Le déluge de Deucalion paraît avoir eu les mêmes causes que le déluge d'Ogygès. Les poëtes lui donnèrent cependant beaucoup plus de célébrité; mais il faut remarquer que la tradition du déluge universel ayant été conservée par tous les peuples, quoique d'une manière confuse, ce souvenir terrible s'est renouvelé toutes les fois qu'ils ont vu de grandes inondations. C'est d'après cette tradition qu'ils ont exagéré les descriptions de leurs déluges particuliers. L'imagination des poëtes n'a pu dépasser un événement dont la mémoire effrayait encore ; mais, comme ils aimaient à tout s'approprier, sans s'embarrasser des époques et sans respecter la vérité, ils embellissaient leurs descriptions de tous les récits que la tradition avait pu leur transmettre.

ARRIVÉE DE CADMUS DANS LA GRÈCE.

Environ treize cent cinquante ans avant l'ère chrétienne, Cadmus quitta les côtes de la Phénicie et les environs de Tyr et de Sidon pour venir avec une colonie former un nouvel établissement dans la Grèce. Il s'empara d'abord d'une partie de la Béotie, fit bâtir une citadelle qui, d'après son nom, s'appela Cadmée ; et ce fut là qu'il établit le siége de son nouvel empire. Il éprouva beaucoup de résistance de la part des anciens habitans. Les Hyantes surtout le combattirent avec le plus grand courage ; mais une victoire complète, remportée par Cadmus, les força d'abandonner le pays. Cet exemple ayant effrayé les Æoniens, leurs voisins, ils se soumirent au vainqueur, et reçurent ses lois, ses coutumes et sa religion, qu'ils préférèrent bientôt aux usages barbares de la Grèce. Dès lors les Æoniens et les Phéniciens, en s'unissant ensemble, ne formèrent plus qu'un seul peuple.

Telle est en abrégé l'histoire de cette colonie ; mais la fable s'y est tellement unie, qu'on ne peut presque plus la séparer de la vérité.

Toutes les recherches historiques sur l'antiquité prouvent qu'Europe, sœur de Cadmus, passa de la Phénicie dans l'île de Crète, sur un vaisseau dont la proue représentait un taureau. C'est de là que les Grecs ont imaginé la fable de Jupiter changé en taureau, pour enlever cette princesse.

Quelques anciens disent aussi qu'Europe fut enlevée par des pirates. Agénor, son père, roi de Phénicie, envoya à sa recherche Cadmus et deux autres princes nommés *Cilix* et *Phénix*. Cadmus s'arrêta dans la Béotie, comme nous l'avons dit ; Cilix s'arrêta dans la partie de l'Asie Mineure, qui fut nommée depuis Cilicie, et Phénix passa dans l'Afrique.

Suivant les anciens, ce fut Cadmus qui, le premier, apporta dans la Grèce l'usage des lettres. Ce qu'il y a de certain, c'est que les anciens caractères grecs et les caractères phéniciens sont absolument semblables. Outre l'alphabet, inconnu jusqu'alors dans la Grèce, Cadmus apporta le culte des divinités de l'Égypte, et surtout celui d'Osiris et de Bacchus, que l'on confondait ensemble.

Plus on fait une étude approfondie de l'histoire et des anciens monumens, plus il paraît démontré que c'est à la Phénicie et à l'Égypte que la Grèce devait ses lois, ses coutumes, sa religion, les arts et les sciences.

ARRIVÉE DE PÉLOPS DANS LA GRÈCE.

Le dernier étranger célèbre qui arriva dans la Grèce avant la prise de Troie, fut Pélops, fils de Tantale, roi de Lydie. Ce prince, forcé de quitter son pays à cause de la guerre que Tros lui avait déclarée pour venger l'enlèvement de Ganymède, se retira dans la Grèce, où il épousa Hyppodamie, fille d'Œnomaüs, roi de Pise. Il monta sur le trône de son beau-père après sa mort, et donna son nom à la péninsule qui, depuis lui, fut appelée Péloponèse. Sa domination s'étendit beaucoup plus loin ; il fut un des plus puissans rois de la Grèce.

Ce prince eut deux enfans, Atrée et Thyeste,

fameux l'un et l'autre par leur haine mutuelle. Atrée fut père d'Agamemnon et de Ménélas, qui assistèrent à la prise de Troie. Les descendans de Pélops régnèrent à Mycènes jusqu'au retour des Héraclides. Le nom de ce prince se représentera souvent lorsqu'il sera question de la famille d'Agamemnon.

PRISE DE TROIE.

Cette époque est une des plus célèbres dans l'histoire. Ce fut lors de ce fameux siége que la Grèce produisit le plus grand nombre de ses héros. Ils occuperont une grande place dans le reste de cet ouvrage. Il nous paraît suffisant de l'annoncer, et nous nous bornons au précis que l'illustre Bossuet en donne dans son Discours sur l'Histoire universelle.

« La ville de Troie fut prise pour la pre-
» mière fois sous Laomédon, son troisième roi,
» et la seconde fois sous Priam, fils de Lao-
» médon, après un siége de dix années.

» Cette époque de la prise de Troie, arrivée
» environ l'an trois cent huit après la sortie
» d'Égypte, et environ onze cent quatre-vingt-
» quatre ans avant l'ère chrétienne, est consi-
» dérable, tant à cause de l'importance d'un

» si grand événement, célébré par les deux
» plus grands poëtes de la Grèce et de l'Italie,
» qu'à cause qu'on peut rapporter à cette date
» ce qu'il y a de remarquable dans les temps
» appelés fabuleux ou héroïques : fabuleux,
» par les fables dont les histoires de ces temps
» sont enveloppées ; héroïques, à cause de
» ceux que les poëtes ont appelés les enfans
» des dieux et des héros. Leur vie n'est pas
» éloignée de cette prise, car, du temps de
» Laomédon, père de Priam, paraissent
» tous les héros de la toison d'or, Jason, Her-
» cule, Orphée, Castor et Pollux. Du temps
» de Priam, on voit les Achille, les Agamem-
» non, les Ménélas, les Ulysse, Hector, Sar-
» pédon, fils de Jupiter, Énée, fils de Vénus,
» que les Romains reconnaissaient pour leur
» fondateur, et tant d'autres dont les familles
» les plus illustres et des nations entières se
» faisaient gloire de descendre. Cette épo-
» que est donc propre à rassembler ce que
» les temps fabuleux ont de plus certain et
» de plus beau. »

Telles sont les principales époques où vécurent les héros dont nous allons nous occuper.

DES HÉROS.

Les anciens peignaient souvent les hommes illustres comme des géans, ou du moins comme des hommes d'une taille extraordinaire. Homère et les autres poëtes leur font employer des javelots que la force ordinaire de quatre hommes n'aurait pu lancer.

Nous avons déjà dit que les Égyptiens étaient dans l'usage de juger, après leur mort, les rois, les généraux et toutes les personnes considérables. On conservait leur mémoire, on la respectait; mais les Grecs furent les premiers à leur rendre un culte. C'est aussi de leur langue que dérive le mot *héros*. On explique diversement son origine; quelques anciens font venir ce mot de *éros*, *amour*, pour signifier que les héros étaient les fils des dieux et des femmes mortelles, ou des déesses et des hommes; mais saint Augustin, dans ses recherches sur l'idolâtrie, prouve que le mot *héro* vient du mot grec *héra*, que portait Junon. L'un des fils de cette déesse s'appelait *héro*, et son nom fut consacré pour désigner des hommes illustres par leur courage et leurs belles actions. Cette étymologie est la plus généralement adoptée. Ce nom ne fut d'abord donné qu'aux enfans des dieux et des mortels; mais par la suite il fut accordé à tous les hommes célèbres.

L'ancienne philosophie enseignait qu'après la mort des grands hommes leurs âmes allaient habiter le séjour des dieux; cette opinion donna lieu au culte qu'on leur rendit.

Le culte des dieux et celui des héros n'étaient point le même : on offrait des sacrifices aux divinités, on faisait des libations en leur honneur, et l'on se bornait pour les héros à célébrer leur pompe funèbre, pendant laquelle on chantait leurs exploits les plus brillans.

Dans plusieurs temples dédiés à Hercule, on lui offrait des sacrifices sous le nom d'Hercule Olympien, et, dans ces mêmes temples, on célébrait ses funérailles en sa qualité de héros.

Les Arcadiens, les Messéniens et les Thébains commençaient par offrir des sacrifices aux dieux, ensuite ils invoquaient les héros de leur pays. On croyait généralement que ces derniers concouraient avec les dieux à punir l'impiété.

Les héroïnes jouissaient des mêmes honneurs que les héros, leurs tombeaux n'avaient aucune différence. On élevait les uns et les autres au milieu de quelque bois, qui dès lors devenait sacré, et se nommait *lucus*. Il y avait des temps marqués pour aller y porter des présens et faire des libations.

Il est très-difficile de fixer avec précision le temps auquel le culte des héros commença. Les anciens ne disent rien de positif sur ce point. Les savans modernes se réunissent pour croire que son origine remonte à Cadmus. Ils observent que ce prince, ayant rapporté dans la Grèce les lois, les usages et les mœurs d'Égypte et de Phénicie, y introduisit en même temps l'usage d'honorer ou de flétrir la mémoire des personnages considérables. Les Grecs, naturellement imitateurs, voulurent de même honorer les funérailles de leurs parens par des fêtes, des invocations et des offrandes; ils leur érigèrent d'abord des tombeaux remarquables, sur lesquels ils venaient faire des libations aux jours anniversaires; ils y joignirent ensuite des statues et des autels; et l'on vit enfin les tombeaux se transformer en temples.

Tout particulier avait le droit de rendre des devoirs à ses ancêtres, et même de leur accorder des honneurs, mais souvent leur célébrité ne s'étendait pas au delà de la famille; ils en étaient les dieux pénates, et le reste de l'univers ignorait l'existence de ces obscures divinités. Mais il n'en était pas de même des grands hommes à qui des villes, des royaumes et des nations immenses croyaient devoir des honneurs, pour reconnaître leurs services et récompenser leurs belles actions. Ils devenaient par des décrets publics les héros protecteurs du peuple parmi lesquels ils avaient vécu; souvent d'autres peuples les adoptaient, et leur culte avait le même éclat et la même étendue que leur renommée.

Les particuliers ne pouvaient élever à leurs parens que de simples tombeaux en forme d'autels et qui n'étaient jamais publics.

Les monumens élevés aux héros du pays ressemblaient aux temples des dieux, et pour leur rendre un hommage encore plus solennel, on établissait en leur honneur des mystères, des cérémonies, et des colléges de prêtres destinés à leur service.

Le nombre des héros et des héroïnes étant presqu'infini, il serait impossible de donner l'histoire et même seulement les noms de tous ceux auxquels la Grèce et l'Italie avaient accordé un culte religieux ou de grands honneurs; mais nous aurons soin de faire connaître les plus célèbres, et nous observerons, autant qu'il sera possible, l'ordre des temps. Nous allons en conséquence commencer par l'histoire de Persée, dont l'antiquité paraît la plus reculée.

HISTOIRE DE PERSÉE.

Persée était du sang de Danaüs, qui fut usurpateur ou conquérant du trône de Gélanor, roi d'Argos. Acrise, grand-père de Persée, n'avait qu'une seule fille, nommée Danaé. Ce prince, ayant appris de l'oracle qu'il aurait un petit-fils qui lui ravirait la couronne et la vie, fit renfermer sa fille dans une tour d'airain, et rejeta toute proposition de mariage pour elle. Prœtus, frère d'Acrise, qui se faisait surnommer Jupiter, comme nous l'avons dit à l'article de ce dieu, trouva moyen de corrompre la fidélité des gardes de la jeune princesse sa nièce; il pénétra dans la tour, et devint l'époux de Danaé. La naissance de Persée découvrit le mystère. Acrise, plus effrayé par les menaces de l'oracle, que sensible à la tendresse paternelle, fit exposer sur la mer Danaé et son fils dans une mauvaise barque, qui, après avoir vogué longtemps au gré des vents, s'arrêta près de l'île de Sériphe, l'une des Cyclades, dans la mer Égée.

Polydecte, roi de cette île, reçut favorablement la mère et l'enfant; il prit même grand soin de l'éducation du jeune prince; mais, dans la suite, aimant Danaé, et redoutant la présence du jeune Persée, dont toutes les actions annonçaient qu'il serait un héros, il chercha des prétextes pour l'éloigner. L'un de ceux qu'il préféra fut d'annoncer son mariage avec une princesse de la Grèce; et, pour le célébrer avec plus d'éclat, il invita tous les princes voisins, en les priant d'apporter avec eux ce que leur pays produisait de plus rare; ce fut alors que, pour éloigner le jeune Persée, il lui ordonna d'aller chercher la tête de Méduse, l'une des Gorgones.

Tel est le commencement de l'histoire de Persée; nous allons donner sa fable, et l'on s'apercevra combien l'une et l'autre se ressemblent.

Persée, fils de Jupiter et de Danaé, naquit dans une tour d'airain qu'Acrisius, roi d'Argos, avait fait construire pour y tenir renfermée Danaé sa fille. Ce prince espéra, par cette précaution, empêcher l'accomplissement de l'oracle, qui lui avait prédit que de sa fille Danaé naîtrait un fils qui lui ravirait la couronne et la vie. Jupiter, métamorphosé en pluie d'or, pénétra dans la tour, et bientôt Persée vit le jour. Les gardes publièrent que Jupiter avait trompé leur vigilance; mais, Acrise, refusant de croire à la visite du plus grand des dieux, fit mourir la nourrice de Danaé, et fit enfermer sa fille et son petit-fils dans un coffre qu'il fit jeter à la mer. Ce coffre, poussé par les vagues vers l'une des Cyclades, fut recueilli par Dictys, frère de Polydecte. Le roi du pays fit le meilleur accueil à la mère et au jeune Persée. Il le fit élever dans sa cour ; mais, à mesure que ce héros grandissait, il portait ombrage à Polydecte, qui l'éloigna de sa cour, et lui fit courir les plus grands dangers, en lui ordonnant d'aller tuer Méduse et de lui rapporter sa tête. Les dieux vinrent au secours de Persée ; Minerve lui prêta son miroir, ou plutôt son égide, pour lui servir de bouclier ; Mercure lui prêta ses ailes et son cimeterre forgé par Vulcain, et Pluton lui prêta son casque. Les ailes avaient le pouvoir de le transporter où il voulait ; le casque et le miroir laissaient, à celui qui les portait, le pouvoir de tout voir sans être vu. Ces secours puissans donnèrent à Persée les moyens de surprendre Méduse et de lui couper la tête. (*Fig.* 69.)

La cruauté d'Acrise ne put le sauver de l'accomplissement de l'oracle : Persée lui donna la mort de la manière que nous dirons.

Cette partie de la fable de Persée ressemble trop à son histoire pour avoir besoin d'être expliquée ; nous observerons seulement que son armure célébrée par les poëtes n'était qu'une allégorie. Par les ailes de Mercure, ils avaient voulu désigner le vaisseau qui conduisit Persée sur les côtes d'Afrique. Le casque de Pluton, qui couvrait sa tête, désignait le secret dont il avait besoin pour réussir dans son entreprise ; et le bouclier de Minerve était le symbole de la prudence qui lui était si nécessaire.

Nous poursuivrons l'histoire et la fable de Persée, en parcourant ce que la mythologie nous apprend sur Méduse, les Gorgones et Andromède.

FABLE DE MÉDUSE ET DES GORGONES.

Phorcus, dit Hésiode, eut de Céto deux filles, *Péphrédo* et *Enyo*, qui vinrent au monde avec des cheveux blancs. Il fut aussi le père des Gorgones, dont la demeure est à l'extrémité du monde, au delà de l'Océan, près du séjour de la Nuit. Les noms des Gorgones sont *Sthéno*, *Euryale* et *Méduse*. Cette dernière était mortelle, mais *Euryale* et *Sthéno* ne pouvaient ni mourir ni vieillir. Le Dieu de la mer fut sensible aux charmes de Méduse. Cette tendresse de Neptune ne put la garantir d'une mort funeste : Persée la surprit pendant le sommeil, et lui coupa la tête. Du sang qui en sortit naquirent le héros *Chrysaor* et le cheval *Pégase*.

Chrysaor tirait son nom d'une épée d'or qu'il tenait à la main au moment de sa naissance. Il épousa Callirhoé, fille de l'Océan, et fut père de Géryon, fameux géant à trois têtes.

Pégase fut ainsi nommé, parce qu'il était né près des sources de l'Océan. A l'instant même de sa naissance, il frappa la terre d'un coup de pied, et fit jaillir la fontaine Hippocrène, si célèbre parmi les poëtes; ensuite il quitta la terre et vola au séjour des immortels. Il habite le palais de Jupiter, et transporte sa foudre et ses éclairs.

Eschyle, en peignant les filles de Phorcus, dit qu'un seul œil et une seule dent leur servaient tour à tour : cette dent surpassait les plus fortes défenses des sangliers, et leurs mains étaient d'airain ; des serpens formaient leur chevelure, et leur regard donnait la mort.

Pindare dit que les Gorgones pétrifiaient ceux qui les regardaient, et que Persée, voulant se venger de Polydecte et des habitans de l'île de Sériphe, les changea en pierres, en leur présentant la tête de Méduse. Il peint Minerve secondant Persée pendant qu'il attaquait Méduse, et raconte que la déesse, surprise de la mélodie que formaient les gémissemens des Gorgones, et les sifflemens des serpens, inventa une flûte qui les imitait, et la donna aux hommes. Il ajoute que Minerve, après avoir dompté Pégase, le donna à Bellérophon pour aller combattre la Chimère. Ce héros, ayant voulu s'élever jusqu'au ciel, fut précipité, et Pégase placé parmi les astres.

Ovide, dans ses Métamorphoses, parle de l'extrême beauté de Méduse; il dit qu'elle excellait surtout par sa chevelure. Neptune, épris de ses charmes, lui déclara sa passion dans un temple de Minerve. La déesse, irritée de cette profanation, changea ses cheveux en serpens, et prêta son secours à Persée pour la surprendre et la vaincre. Ce prince lui coupa la tête pendant qu'elle était ensevelie dans le sommeil. Pégase naquit de son sang. Persée le monta, et vola vers la Mauritanie, où il se vengea d'Atlas, qui l'avait mal reçu, en le changeant en la montagne qui porte son nom. De là il se fit transporter dans l'Éthiopie, où il délivra Andromède du monstre qui était prêt à la dévorer. Il se servit aussi de cette tête de Méduse pour pétrifier Phinée, son rival, ainsi que les soldats qui l'accompagnaient : elle lui servit dans toutes ses expéditions, et il finit par la donner à Minerve, qui la plaça au milieu de son égide.

Ovide ajoute à ses fables que Persée, après

la mort de Méduse, prit son vol par-dessus les plaines de la Libye. Les gouttes de sang qui coulaient de cette tête se changèrent en serpens. Telle est l'origine qu'il donne aux reptiles venimeux que l'on rencontre à chaque pas dans cette contrée.

FABLE D'ANDROMÈDE.

Ovide, dans ses Métamorphoses, dit que Cassiopée, mère d'Andromède, irrita les Néréides, en prétendant les égaler en beauté. Les nymphes étendirent leur courroux sur tout le pays. On eut recours à l'oracle d'Ammon. Il répondit que, pour apaiser leur colère, il fallait exposer Andromède à devenir la proie d'un monstre marin. La malheureuse princesse fut attachée sur un rocher, et le monstre était prêt à la dévorer lorsque Persée, monté sur Pégase, l'aperçut du haut des airs, vint à son secours, tua le monstre, brisa ses chaînes et la rendit à ses parens. (*Fig.* 70.) Andromède était promise en mariage à celui qui la délivrerait. Persée l'épousa; mais, pendant les noces, Phinée, neveu de Cassiopée, à qui elle avait été promise avant d'être délivrée, se présenta dans la salle du festin avec une troupe de gens armés, et commença un combat très-sanglant. Persée se voyant dans le danger d'être accablé par le nombre, et voulant punir plus sûrement cette lâche attaque, les métamorphosa en pierres, en leur présentant la tête de Méduse. Après cette expédition, il conduisit son épouse à l'île de Sériphe, où il délivra Danaé sa mère des poursuites de Polydecte, en le combattant et le tuant. Il vainquit ensuite Prœtus, qui avait détrôné Acrise, père de Danaé. Ce fut alors que l'oracle se vérifia. Le grand-père de Persée sachant que ce héros s'approchait d'Argos en vainqueur, voulut le voir, et vint au-devant de lui jusqu'à Larisse, sur le fleuve Pénée. Il y arriva dans le temps où l'on célébrait les jeux de palet, très en usage alors. Persée voulut y prouver sa force et son adresse; mais il lança si malheureusement son palet, qu'il atteignit son grand-père Acrise à la tête, et le renversa mort. Persée ne pouvant se pardonner ce meurtre involontaire, ne resta que très-peu de temps à Argos. Il engagea Mégapenthé, fils de Prœtus, à changer son royaume contre le sien, et alla bâtir Mycène, qui devint la capitale de ses nouveaux états.

Telle est la fable de Persée, qui se trouve continuellement mêlée avec l'histoire.

Ce héros, pendant sa vie, avait favorisé les

lettres et fait bâtir une académie sur l'Hélicon. Ces deux motifs, joints à l'éclat de ses actions, le firent élever jusqu'au ciel par les poëtes; ils en firent un demi-dieu, et donnèrent à lui et à la famille de sa femme des places parmi les constellations, sous les noms de Persée, Cassiope, Andromède. Le monstre qui devait dévorer Andromède fut représenté par le signe de la baleine.

Dans le récit des actions de ce prince, on leur ajouta tout le surnaturel que l'on put imaginer; et, comme il avait fait ses voyages et ses conquêtes avec autant de bonheur que de sagesse et de rapidité, on publia que les dieux lui avaient prêté leurs armes, Mercure ses ailes et ses talonnières, pour marquer la légèreté de ses courses; Pluton, son casque, symbole de la prudence et de la politique, qui lui faisaient garder un secret inviolable; et Pallas son bouclier, pour désigner le bonheur qui le garantissait de tous les périls.

Ce prince avait un temple dans Athènes. On se bornait à l'honorer comme un héros à Argos et dans l'île de Sériphe.

EXPLICATION DES FABLES QUI TIENNENT A L'HISTOIRE DE PERSÉE.

Persée, de retour dans la Grèce, remercia les dieux de son heureux voyage. Il consacra la proue de son vaisseau, et la plaça dans le temple de Jupiter sur le mont Olympe. La proue de ce vaisseau représentait un cheval, et le vaisseau se nommait Pégase; l'Olympe passait pour être le séjour des dieux. Les poëtes embellirent ces deux circonstances, en disant que Pégase ne resta qu'un instant sur la terre, et dirigea son vol vers le séjour des dieux.

Persée consacra quelques autres parties de son vaisseau dans le temple d'Apollon, sur le mont Parnasse. Les poëtes peignirent ce temple comme le séjour ordinaire d'Apollon et des Muses. Ils représentèrent le génie de la poésie sous la forme d'un cheval ailé qui franchit tous les obstacles; et la fontaine Hippocrène, que Pégase fait jaillir en frappant la terre de son pied, désigne que les productions du génie ne portent jamais l'empreinte servile du travail, mais ressemblent aux flots purs et brillans d'une source abondante.

Les savans étaient fort partagés sur l'opinion que l'on devait avoir des Gorgones. Diodore prétend qu'elles étaient des femmes guerrières, habitant la Libye, près du lac Tritonide. Elles furent souvent en guerre avec les Amazones, leurs voisines. Du temps de Persée, elles étaient gouvernées par Méduse, leur reine. Ce héros les combattit, tua leur reine; mais Hercule put seul parvenir à les détruire entièrement.

Quelques anciens peignent les Gorgones comme des femmes guerrières d'une grande beauté : l'admiration que produisait leur vue faisait perdre l'idée de se défendre; elles profitaient de cet avantage pour attaquer leurs ennemis et les vaincre. Les poëtes peignirent ce fatal effet de leur beauté, en disant que leurs regards changeaient en pierre et rendaient immobile.

Pline le Naturaliste les peint comme des femmes sauvages très-redoutables. « Près du
» Cap occidental, dit-il, sont les *Gorgates*,
» ancienne demeure des Gorgones. Hannon,
» général des Carthaginois, pénétra jusque
» dans leur pays; il y trouva des femmes dont
» la course égalait en vitesse celle des che-
» vaux, et même le vol des oiseaux. Il en prit
» deux dont le corps était hérissé de crins.
» Leurs peaux furent attachées dans le temple
» de Jupiter à Carthage, et y restèrent sus-
» pendues jusqu'à la ruine de cette ville. »

Pausanias cite un historien dont le rapport ressemble à celui de Pline. Il croit que Méduse fut une femme sauvage d'une force surprenante, et qu'elle fut vaincue par Persée.

M. Fourmont, ayant recours aux langues orientales, trouve dans les noms des trois Gorgones ceux de trois vaisseaux qui faisaient le commerce sur la côte d'Afrique, où l'on trouvait de l'or, des dents d'éléphant, des cornes de divers animaux et des pierres précieuses. Ces marchandises étaient ensuite apportées dans les ports de la Phénicie. Telle est, dit-il, l'explication de la dent, de la corne et de l'œil que les Gorgones se prêtaient mutuellement. Ces vaisseaux avaient des proues qui représentaient des monstres. Persée les rencontra dans ses voyages, les combattit et s'en empara; le vaisseau qu'il montait se nommait Pégase; la proue représentait un cheval ailé. Aussitôt que ce prince fut de retour dans la Grèce avec des richesses immenses, on célébra son retour, et les poëtes imaginèrent la fable des Gorgones et de Méduse.

Ces explications suffisent pour laisser apercevoir combien les poëtes ont donné carrière à leur imagination, lorsqu'ils ont voulu peindre les grandes actions des héros qui s'étaient toujours montrés leurs protecteurs et leurs amis.

BELLÉROPHON ET LA CHIMÈRE.

Bellérophon, selon Homère, était fils de Glaucus, roi de Corinthe, et petit-fils de Sisyphe. Il se nomma d'abord Hipponoüs; mais, ayant tué son frère ou quelque autre personne considérable de Corinthe, qui se nommait *Beller*, on lui donna le nom de *Bellérophon*, meurtrier de Beller. Il fut forcé de se retirer à Argos, où Prœtus le reçut très-bien; mais *Antée* ou *Sthénobée*, femme de Prœtus, n'ayant pu rendre Bellérophon sensible à la tendresse qu'elle avait pour lui, l'accusa devant son époux d'avoir voulu la séduire. Ce prince voulut d'abord le faire mourir; mais, respectant les droits de l'hospitalité, il l'envoya chez Iobate, roi de Lycie, et père de Sthénobée, en le priant de faire mourir Bellérophon, porteur de la lettre. Le héros partit sous la garde des dieux protecteurs de l'innocence, et parvint heureusement en Lycie sur les bords du Xanthe. Iobate le reçut avec joie, et, suivant la coutume de ces temps, il fit célébrer des fêtes pendant neuf jours, pour remercier les dieux de l'arrivée du jeune prince. Le dixième jour, il lut la lettre de Prœtus, et, ne voulant point être lui-même le meurtrier de Bellérophon, il l'envoya combattre un monstre épouvantable qui désolait le pays, et que l'on nommait la Chimère. (*Fig.* 71.) Ce monstre était de race immortelle, il avait la tête d'un lion, le corps d'une chèvre et la queue d'un dragon. Sa gueule vomissait des tourbillons de flamme et de fumée. Le héros le fit périr à coups de flèches. Minerve lui amena le cheval Pégase, qu'il monta pour cette expédition. Après la défaite de la Chimère, et plusieurs autres combats dont Bellérophon sortit toujours vainqueur, Iobate, convaincu de son innocence, lui donna en mariage sa fille Philonoé, et le déclara successeur de son trône. La reine Sthénobée, voyant tous ses crimes inutiles, et ne pouvant plus soutenir sa honte, s'empoisonna. Après la mort de Bellérophon, les poëtes le placèrent parmi les astres. Ils voulurent aussi conserver le souvenir de la Chimère, et lui composèrent une généalogie; ils la disaient fille de Typhon et d'Echidne. La description qu'ils en font était entièrement allégorique. On trouvait dans la Lycie plusieurs montagnes couvertes de grands bois; les lions et autres animaux féroces en faisaient leur repaire. Bellérophon fut chargé par Iobate de rendre ces forêts moins dangereuses, en donnant la chasse aux bêtes sauvages : il parvint à les détruire, et l'on publia qu'il avait vaincu la Chimère. Le nom de cet animal fabuleux est devenu général pour tous les monstres créés par l'imagination.

Les poëtes ajoutaient que la Chimère vomissait des flammes ; cette image leur servait à peindre un volcan placé sur l'une des montagnes.

Un proverbe appelait lettres de Bellérophon celles qui contenaient quelque chose contre celui qui les portait.

Dans le second volume du *Tesoro Britannico*, on trouve une médaille sur laquelle Bellérophon paraît au milieu des airs, monté sur Pégase, et prêt à porter le coup mortel à la Chimère. Cette médaille fut sans doute gravée d'après la fable du héros, et non pas d'après son histoire, car tout sert à prouver que Pégase était un vaisseau et non pas un cheval.

HISTOIRE DU PREMIER MINOS, DE RHADAMANTHE ET DE SARPÉDON.

Quelques anciens, et plusieurs modernes d'après eux, ont peint Minos tantôt comme un législateur plein de sagesse et de justice, tantôt comme un tyran cruel. La chronique de Paros explique très-bien cette contradiction, en démontrant que l'on doit compter deux Minos. Le premier, fils de Jupiter Astérius et d'Europe, eut pour frères Rhadamanthe et Sarpédon. Il régna sur l'île de Crète après la mort d'Astérius.

Ce prince épousa Ithone, dont il eut pour fils Lycaste, qui lui succéda, et une fille nommée Acacallis. Minos premier gouverna son peuple avec beaucoup de douceur ; et la ville de Crète, peu connue jusqu'alors, devint très-célèbre sous son règne A l'époque onzième, les marbres de Paros font mention de deux villes qu'il bâtit : celle d'*Apollonie*, et celle de *Minoia Lictia*.

Les lois établies par ce prince l'ont fait regarder comme l'un des plus grands législateurs de l'antiquité : pour leur donner plus de force, et les rendre plus sacrées, il feignait que son père Jupiter les lui dictait secrètement dans un antre de l'île de Crète dans lequel il se retirait. On doit remarquer que presque tous les anciens législateurs ont cru nécessaire de donner une origine céleste à leurs lois. Zoroastre avait son génie; Numa Pompilius sa nymphe Égérie. Pythagore publia qu'il était descendu dans le royaume de Pluton. Épiménides dit qu'il avait dormi pendant cinquante ans dans un antre de l'île de Crète, et que pendant son sommeil Jupiter lui avait dicté les lois qu'il proposait. Ces grands hommes avaient très-bien senti que l'autorité d'un seul, et même la puissance royale, ne pouvaient suffire lorsqu'il s'agissait d'enchaîner les passions, et d'inspirer un respect religieux pour les lois. Cette prévoyance les conduisit sans doute à chercher un appui dans le ciel; mais il est probable aussi qu'ils avaient quelque connaissance de la manière éclatante dont le vrai Dieu donna à Moïse les tables de la loi sur le mont Sinaï; la tradition s'en était répandue généralement, et tout porte à croire que chacun d'eux prit pour modèle le législateur des Hébreux.

Tous les neuf ans Minos allait s'enfermer dans l'antre de Jupiter, pour apprendre de nouvelles choses, et former ses lois ou bien leur ajouter, suivant que les circonstances l'exigeaient, et que l'expérience le conseillait.

Par la suite des temps, cette espèce de sanctuaire fut nommé l'*antre de Jupiter*.

L'antiquité respectait tellement les lois de Minos, que Lycurgue alla s'instruire en Crète, et ce fut de ce pays qu'il rapporta presque toutes les lois qu'il fit adopter aux Lacédémoniens. Joseph trouvait que Minos seul pouvait être comparé à Moïse. Cet éloge ne peut être suspect lorsqu'il est accordé par un historien juif.

Minos était fils d'une princesse de Phénicie; il conserva toujours des relations avec ce pays. Ce fut probablement par ce moyen qu'il eut connaissance des lois de Moïse, et qu'il put les prendre quelquefois pour modèles des siennes. Après avoir gouverné son peuple avec beaucoup de douceur et de sagesse, il mourut dans l'île de Crète; on écrivit sur sa tombe : *Minos, fils de Jupiter.* Par la suite des temps, les Crétois, voulant faire croire que ce tombeau était celui de Jupiter même, effacèrent le nom de Minos.

Les poëtes, pour mieux célébrer l'équité de ce prince, le peignirent comme le premier juge des enfers; Éaque et Rhadamanthe jugeaient avec lui, mais l'un et l'autre cédaient la suprématie à Minos. On le représentait avec un sceptre, pour la désigner, et l'on plaçait près de lui l'urne qui contenait le sort des humains.

Les marbres d'Arundel ou de Paros placent l'époque du règne de ce prince au même temps que celui du roi d'Athènes Pandion premier.

Rhadamanthe, frère de Minos, était regardé comme l'homme le plus sage, le plus modeste et le plus sobre de son temps. Sa rare prudence et ses vertus le firent souvent consulter par son frère, lorsqu'il composa ses lois et voulut les faire exécuter. Minos l'envoya les porter dans les îles de l'Archipel. Rhadamanthe conquit plusieurs îles voisines, par la seule puissance de sa persuasion et de sa sagesse. Son amour de la justice inspira aux poëtes de le placer parmi les juges des enfers.

Sarpédon, frère de Minos et de Rhadamanthe, voulut disputer la couronne de Crète; il fut vaincu et forcé de se retirer dans la Carie, où il bâtit la ville de Milet. Ensuite il pénétra plus avant dans l'Asie, et vint au pays des Myliades, qui, peu de temps après, se nomma Lycie, du nom de Lycus, fils de Pandion et frère d'Égée, qui s'y retira.

Il ne faut pas confondre ce Sarpédon avec celui dont parle Homère, qui régna dans la Lycie un siècle après le premier, et conduisit au siége de Troie les Lyciens, habitans des bords du Xanthe.

HISTOIRE DE MINOS SECOND; AVENTURES DU MINOTAURE, ET COMMENCEMENS DE THÉSÉE.

Après la mort de Minos premier, Lycaste son fils lui succéda. Son règne n'eut rien de remarquable. Minos second, son fils, le fit bientôt oublier, et se rendit très-célèbre par sa puissance et ses conquêtes. Jamais, avant lui, on n'avait vu de flottes aussi nombreuses ; elles servirent à le rendre maître de toutes les îles voisines de son royaume. Ce prince, parvenu au plus haut point de la gloire, vit détruire son repos et son bonheur par l'aventure que nous allons raconter.

La célébration des Panathénées attirait toujours à Athènes les personnes les plus considérables de la Grèce. Minos voulut y envoyer son fils Androgée. Ce jeune prince remporta tous les prix, et s'acquit l'estime et l'admiration générales. Les fils de Pallas, frère d'Égée, roi d'Athènes, se lièrent avec lui de la plus tendre amitié. Cette union devint suspecte au roi d'Athènes ; Thésée, son fils et l'héritier de son trône, n'était point encore reconnu. L'amitié d'Androgée pour les Pallantides inspira une sorte de terreur à Égée : il craignit de voir Minos, persuadé par les fils de Pallas, employer ses forces pour le détrôner. Voulant se débarrasser de tant de soins et de crainte, Égée fit assassiner Androgée lorsqu'il était sur les confins de l'Attique, et retournait chez son père. Ce crime ne resta point impuni ; Minos prépara ses flottes, et fondit sur l'Attique avant que l'on fût en état de lui opposer des forces.

Nisa, ville voisine d'Athènes, qui tenait son nom de Nisus, frère d'Égée, fut la première à sentir la puissance des armes de Minos ; cependant elle aurait pu résister longtemps sans la trahison de Scylla, fille de Nisus. Elle aperçut Minos du haut des tours de la ville, et conçut pour lui une folle passion. Instruite des secrets de son père et de toutes ses résolutions, elle les fit connaître à Minos ; elle trouva même le moyen de lui faire remettre les clefs de la ville, qu'elle avait dérobées pendant la nuit. Le roi de Crète profita de cette abominable trahison ; il s'empara de la ville ; mais, plein d'horreur pour celle qui l'avait commise, il refusa de la voir. Le désespoir et la honte d'un crime affreux et inutile portèrent Scylla à se précipiter dans la mer.

Les Grecs, honteux de s'être laissés surprendre, voulurent cacher la cause de leur défaite, en publiant que le sort de Nisa tenait à un cheveu fatal que portait Nisus. Ils dirent que Scylla l'ayant coupé par surprise, et envoyé à Minos, leur ville était tombée en son pouvoir. Les poëtes ajoutèrent à cette fable que Scylla avait été changée en alouette, son père Nisus en épervier, et qu'on le voit occupé sans cesse à poursuivre sa fille, pour la punir de son crime.

Mégareus n'ayant pu arriver assez promptement pour secourir la ville de Nisa, la fit rebâtir après la retraite de Minos. La beauté des murailles qu'il fit construire donna lieu de publier qu'elles étaient l'ouvrage d'Apollon, et cette ville porta depuis le nom de Mégare.

La destruction de Nisa ne suffit point à la vengeance de Minos; il alla mettre le siége devant la ville d'Athènes. Le ciel lui-même servait sa colère. Une sécheresse extraordinaire désolait toute la Grèce. L'oracle consulté répondit que le seul Éacus pourrait apaiser les dieux par ses prières. Une partie de la Grèce fut soulagée, mais le ciel fut d'airain pour Athènes et le reste de l'Attique. Les Athéniens effrayés devinrent cruels, et sur la foi d'un oracle qui commandait de sacrifier quelques étrangers, ils violèrent les droits sacrés de l'hospitalité, en immolant les filles du Lacédémonien Hyacinthe, qui, depuis peu de temps, s'était fixé dans leur ville. Ce barbare sacrifice n'adoucit point leur sort : on consulta de nouveau l'oracle ; il répondit qu'il fallait donner à Minos une entière satisfaction. Des ambassadeurs, en état de supplians, furent envoyés pour implorer la clémence du vainqueur ; il accorda la paix, mais à la condition que tous les sept ans on lui enverrait en tribut sept jeunes garçons et autant de jeunes filles. Le sort décidait quelles devaient être les victimes. Depuis ce temps les Athéniens, honteux de leur défaite et d'un tribut si déshonorant, s'efforcèrent de rendre odieuse la mémoire de Minos second, en publiant une fable qui devint extrêmement célèbre. Suivant cette fable, le roi de Crète enfermait ses prisonniers dans le fameux labyrinthe construit par *Dédale*, et là, ils devenaient la proie du *Minotaure*, monstre moitié homme et moitié taureau, enfanté par Pasiphaé, femme de Minos. Ce monstre n'eut jamais d'existence. L'histoire nous apprend que Minos institua des jeux funèbres en l'honneur de son fils Androgée. Les Athéniens prisonniers devenaient la récompense de celui qui remportait le prix de ces jeux. Taurus, homme cruel et superbe, fut le premier vainqueur ; il traita très-durement ses nouveaux esclaves ; son nom et ses mauvais traitemens servirent à le faire peindre de la manière que nous venons de dire.

L'honneur de délivrer les Athéniens de ce tribut honteux était réservé à Thésée. Ce jeune prince aspirait à marcher sur les traces d'Hercule. Il obtint d'Égée, son père, la permission de partir avec les prisonniers, sans y avoir été contraint par le sort. Pendant que l'on préparait le vaisseau qui devait les transporter en Crète, grand nombre de sacrifices furent offerts aux dieux pour se les rendre favorables. Thésée, parvenu au port de Phalère, fit le vœu solennel d'envoyer tous les ans à Delphes offrir un sacrifice en l'honneur d'Apollon, et l'oracle qu'il consulta lui répondit que *l'amour serait son guide*. Après les cérémonies, le vent devint bon; Thésée fit tendre les voiles, et vint aborder en Crète. Sa beauté, sa jeunesse, son maintien héroïque, frappèrent les regards d'Ariadne, fille de Minos : elle ne voulut point le laisser périr; elle lui fit donner un peloton de fil, pour l'aider à se retrouver dans les détours du labyrinthe. Thésée, parvenu jusqu'au Minotaure, le combattit, et en triompha. (*Fig.* 72.)

Nous allons à présent dégager l'histoire des ornemens de la fable.

Quelques auteurs prétendent que Thésée ne combattit point dans le labyrinthe, mais dans la place publique où se célébraient les jeux funèbres d'Androgée. La présence d'Ariadne, disent-ils, anima le courage du héros; il vainquit Taurus, et cette victoire plut à Minos lui-même, parce que l'insolence et l'ambition de Taurus commençaient à lui porter ombrage.

D'autres historiens, plus graves et plus d'accord avec les circonstances racontées par la fable, disent qu'Ariadne, éprise de Thésée, lui fournit des armes pour combattre Taurus, et lui donna le plan du labyrinthe, après l'avoir obtenu de Dédale. Thésée s'en servit pour échapper après sa victoire; Ariadne le suivit, et tous les deux arrivèrent heureusement à l'île de Naxe.

Une seconde fable des Grecs dit que Thésée abandonna sa libératrice, mais que Bacchus, étant arrivé près d'elle pendant qu'elle se livrait à sa douleur, lui fit facilement oublier celui qu'elle croyait coupable à la fois d'ingratitude et d'infidélité.

L'histoire contredit cette fable, et rapporte qu'Onarus, prêtre, ou plutôt confident de Bacchus, enleva cette princesse dans l'île de Naxe. Il la conduisit à Bacchus, qui parvint à se faire pardonner cette violence, et devint l'époux d'Ariadne. Les poëtes ont placé parmi les astres la couronne dont Bacchus lui fit présent.

L'histoire, poursuivant son récit, rapporte que de Naxe Thésée se rendit à l'île de Délos, où il consacra une statue de la main de Dédale, qui lui avait été donnée par Ariadne, et lui rappelait trop douloureusement le souvenir de cette princesse. Il institua dans cette île une danse que l'on nommait la *Grue*, dans laquelle on imitait les détours du labyrinthe.

Thésée, toujours occupé d'Ariadne, et ne pouvant se consoler de son enlèvement, oublia la promesse qu'il avait faite à son père Égée à l'instant de son départ. Le vaisseau des prisonniers avait des voiles noires, et Thésée avait promis de faire tendre un pavillon blanc s'il revenait vainqueur. Le vaisseau reparut à la vue d'Athènes sans avoir ce signal; le malheureux Égée, à l'aspect des voiles noires, se précipita dans la mer, et périt dans les flots. Depuis ce temps, la mer d'Athènes se nomma la mer Égée. On consacra le souvenir de ce fatal événement en bâtissant sur le bord de cette mer une chapelle dans laquelle on voyait une victoire sans ailes, pour marquer que le triomphe de Thésée avait été connu trop tard.

Thésée, de retour à Athènes, rendit les derniers devoirs à son père : il institua des fêtes dont les frais étaient payés par les familles des prisonniers qu'il avait délivrés. Il fit frapper une médaille sur laquelle on voyait un taureau; mais rien ne rendit si célèbre le souvenir de cette victoire, que le soin avec lequel on exécuta toujours, par la suite, le vœu fait par Thésée au dieu Apollon. Tous les ans on envoyait à Délos des ambassadeurs couronnés de branches d'olivier. Cette ambassade se nommait *Theoria*, ou *visite au dieu*. On employait pour ce voyage le même vaisseau qui avait porté Thésée; et l'on eut tellement soin de le conserver, et de renouveler les pièces qui manquaient, qu'il existait encore près de mille ans après la mort de Thésée.

Depuis l'instant où le grand-prêtre avait purifié ce vaisseau jusqu'à celui de son retour, on ne faisait mourir aucun prisonnier dans l'Attique.

Après la fuite de Thésée, Minos voulut punir Dédale d'avoir favorisé ce prince; il le fit enfermer avec son fils Icare dans le labyrinthe que cet habile homme avait lui-même construit. Celui-ci en démêla facilement les détours; Pasiphaé, femme de Minos, lui en fit ouvrir les portes, et lui procura un vaisseau auquel il attacha des voiles dont l'usage était encore inconnu aux Crétois. Un vent favorable lui fit devancer la galère de Minos, qui se mit à sa poursuite avec un grand nombre d'excellens rameurs. Dédale, échappé à son puissant ennemi, vint aborder dans une île éloignée de la terre ferme : là, son fils Icare voulut descendre avec trop de précipitation, il tomba dans la mer, et se noya. Les poëtes, pour célébrer cette fuite, publièrent que Dédale s'était formé des ailes, et peignirent la mort d'Icare en disant que, malgré les conseils de son père, il avait voulu s'élever auprès du soleil; mais que la chaleur fondit la cire qui servait à tenir ses ailes. La mer dans laquelle il se noya se nomme, depuis ce temps, la mer Icarienne.

Dédale étant parvenu en Sicile, trouva enfin auprès de Cocalus un asile qui lui avait été refusé par plusieurs autres princes, parce que tous redoutaient la puissance de Minos. Ce prince le poursuivit en effet jusque dans la Sicile, et somma Cocalus de lui rendre son prisonnier. Cocalus, ne voulant point violer les droits de l'hospitalité envers Dédale, et prévoyant d'ailleurs qu'il pourrait tirer un grand parti du génie de cet habile homme, fit proposer à Minos de venir traiter cette affaire à l'amiable. Ce prince imprudent accepta la proposition. Cocalus le reçut avec les plus grands honneurs, mais ces honneurs cachaient un piége horrible : il le pria d'entrer dans un bain, et le fit étouffer. Cocalus affecta de montrer les plus grands regrets de la mort de Minos, il rendit son corps à ses soldats, qui le firent enterrer secrètement. Pour mieux cacher sa sépulture, ils bâtirent par-dessus un temple à Vénus qui devint très-célèbre par la suite. Quelques siècles après, on découvrit ce tombeau en bâtissant la ville d'Agrigente; on recueillit les cendres de ce prince, et on les renvoya dans l'île de Crète.

Ainsi mourut Minos second, qui aurait joui de la réputation d'un des plus grands princes de son temps, sans la haine des poëtes tragiques qui cherchèrent toujours à rendre sa mémoire odieuse.

Pour distinguer les deux Minos, que l'on a souvent confondus ensemble, il faut remarquer que le premier était fils de Jupiter Astérius et d'Europe. Le second était fils de Lycaste et d'Ida, fille de Coribas. Le premier avait deux frères, Rhadamanthe et Sarpédon. Le second n'en avait point. Le premier n'eut que deux enfans, Lycaste et Acacallis. Le second fut père d'Androgée, de Glaucus, de Deucalion, de Molus, d'Ariadne et de Phèdre. Le premier fut un prince pacifique, aimant la justice et la retraite. Le second aima la guerre, fit des conquêtes, et ses malheurs domestiques ne lui laissèrent pas un instant de repos

Après la mort de Minos second, Deucalion monta sur le trône, et son fils Idoménée lui succéda. Ce dernier se distingua beaucoup au siége de Troie; mais, à son retour, il fut forcé de quitter son royaume pour se retirer en Italie, où il fonda la ville de Tarente.

L'illustre auteur de Télémaque a traité cette partie de l'histoire d'Idoménée de manière à l'immortaliser.

HISTOIRE DE PHÈDRE ET D'HIPPOLYTE.

Après la mort de Minos second, Deucalion, son fils, monta sur le trône de Crète. Thésée lui envoya demander en mariage Phèdre sa sœur. Elle lui fut accordée; mais le sang de Minos devait être fatal au repos de Thésée. Cette princesse, en arrivant à Athènes, aperçut le jeune Hippolyte, fils de Thésée et de l'amazone Antiope : cette vue suffit pour allumer dans son cœur la plus coupable et la plus funeste passion. Elle feignit de vouloir apaiser Vénus, l'implacable ennemie de sa maison; elle lui fit bâtir un temple sur une montagne, et tous les jours elle allait lui offrir quelques nouveaux sacrifices ; mais un autre motif rendait seul ses prières aussi fréquentes. Du haut de cette montagne, elle voyait Hippolyte dans la plaine déployer sa force, son adresse et sa grâce en se livrant à ses exercices. Elle donna elle-même à ce temple le nom d'*Hippolytion*, et par la suite, on le nomma temple de *Vénus spéculatrice*. L'indifférence et les mépris d'Hippolyte lui firent désirer la mort : la honte et le désespoir d'une déclaration inutile la firent résoudre à se la donner ; et, ne voulant point mourir sans vengeance, elle laissa un billet calomniateur dans lequel le fils de Thésée était peint comme le plus coupable des hommes, et la seule cause de sa mort. Thésée, pénétré d'horreur à la vue de cet écrit, envoya sur-le-champ chercher Hippolyte, pour le punir de l'attentat dont Phèdre l'accusait. Le jeune prince accourut aux ordres de son père avec toute la sécurité de l'innocence ; mais ses chevaux, pressés par l'aiguillon, l'emportèrent au travers des rochers, l'essieu du char se rompit, les pieds du jeune héros s'embarrassèrent dans les rênes, et il perdit la vie.

Quelques auteurs racontent différemment sa mort. Ils disent que ce prince arriva près de son père, et qu'il ne périt qu'en s'éloignant de Trézène, dont Thésée l'avait banni en le chargeant de malédictions. Le malheureux Hippolyte, douloureusement occupé de l'injuste colère de son père, ne songea plus à gouverner ses chevaux : ils l'entraînèrent dans un précipice, où il périt.

Cette histoire a produit plusieurs chefs-d'œuvre, à la tête desquels on doit placer la belle tragédie de Racine. Les poëtes s'emparèrent de cette histoire; ils feignirent que Thésée implora le secours de Neptune et réclama l'accomplissement de la promesse faite par ce dieu d'exaucer son premier vœu. Ce père trop crédule et désespéré, ne voulant point tremper ses mains dans le sang de son fils, l'abandonna au courroux de Neptune. Ce dieu fit sortir des abîmes de la mer un monstre horrible; sa vue effraya tellement les chevaux d'Hippolyte, qu'ils l'entraînèrent sur les rochers, et causèrent sa mort de la manière dont nous l'avons dit plus haut.

Thésée reconnut enfin, mais trop tard, l'innocence de son fils; et la fable ajoute qu'Esculape, dieu de la médecine, l'avait ressuscité. Les Athéniens, témoins de la mort du jeune prince, ont toujours rejeté cette fable. Par la suite des temps, Hippolyte fut adoré comme un dieu dans Trézène. Diomède lui fit élever un temple, et lui rendit les honneurs divins. Les Trézéniens assurèrent qu'il n'était pas mort, et qu'il avait été placé dans le ciel parmi les constellations, comme conducteurs du chariot.

Du temps de Numa Pompilius, il parut un faux Hippolyte, qui habitait la forêt d'Aricie. Il se faisait nommer *Virbius, deux fois homme*, et publiait qu'Esculape l'avait ressuscité. Il paraît que ce fut ce faux Hippolyte qui donna lieu à la fable de Jupiter foudroyant Esculape pour avoir osé ressusciter un mortel. Cette fable n'était point connue par les Athéniens, et ne s'accorde nullement avec l'opinion des Trézéniens sur le véritable Hippolyte.

HISTOIRE DE DÉDALE; LABYRINTHE DE CRÈTE.

Dédale, arrière-petit-fils d'Érechthée, roi d'Athènes, fut l'ouvrier le plus savant et le plus célèbre de la Grèce. Habile architecte, ingénieux sculpteur, il inventa la coignée, le niveau et la tarière. On lui accorde aussi la gloire d'avoir, le premier, fait usage des voiles; mais rien ne le rendit plus célèbre que la perfection qu'il sut donner à la sculpture. On disait ses statues animées, et l'on publia qu'elles marchaient. Cette fable est fondée sur le peu de progrès que les Grecs avaient fait dans la sculpture avant Dédale. Leurs statues, extrêmement grossières, étaient sans yeux, sans bras et sans jambes. On voit encore de ces masses informes dans les cabinets des curieux. Dédale, en faisant ses statues, prit le corps humain pour modèle, et suivit exactement ses proportions. Il forma des yeux, parvint jusqu'à la ressemblance, joignit des bras au corps, et les jambes parurent séparées comme celles d'un homme qui marche. Par la suite des temps, sa célébrité s'accrut par ses malheurs plus encore que par ses ouvrages. Toute la Grèce redoutait Minos; elle s'étonna de voir un homme seul échapper à sa colère, et braver sa puissance en n'employant que les ressources de son génie. Malheureusement pour cet ingénieux artiste, il ne sut point triompher de la jalousie; elle le rendit criminel, et vint ternir sa gloire. Il s'était plu à former Talus, l'un de ses neveux. L'élève se montra bientôt l'égal de son maître. Il inventa la roue dont se servent les potiers de terre. Ayant un jour rencontré une mâchoire de serpent avec des dents très-aiguës, il s'en servit pour couper un morceau de bois, et de là il imagina la scie, instrument si simple et cependant si utile. Dédale était trop prévoyant pour ne pas sentir que de pareilles inventions étaient de véritables bienfaits pour les hommes, et qu'elles rendaient leurs auteurs immortels; il craignit d'être surpassé par Talus, et le fit mourir secrètement. On le surprit au moment où il recouvrait une fosse. Interrogé sur cette occupation extraordinaire, il répondit qu'il venait d'enterrer un serpent. La réponse parut suspecte; le crime fut découvert; et l'Aréopage, après avoir prononcé sa sentence de mort, changea la peine en un bannissement perpétuel. Ce meurtre l'ayant rendu généralement odieux dans Athènes, Dédale se réfugia dans la Crète, où Minos reçut avec empressement cet artiste étonnant. Ce fut pendant son séjour dans cette île qu'il bâtit son fameux labyrinthe près de la ville de Gnosse.

Pline assure que Dédale avait voyagé dans l'Égypte, et qu'il avait pris le modèle de son labyrinthe en voyant celui situé près de Thèbes, l'une des merveilles du monde ; mais il est certain qu'il n'imita que les détours et les chambres des allées, c'est-à-dire, la centième partie du labyrinthe égyptien. Du temps de Pline, celui de Crète n'existait déjà plus, et l'on voit encore aujourd'hui les immenses et superbes vestiges de celui d'Égypte, quoiqu'il fût fort antérieur à l'autre. Il paraît que le labyrinthe de Crète n'était qu'une vaste prison dans laquelle on enfermait les prisonniers. Quelques auteurs le peignent seulement comme une carrière d'où l'on avait tiré les pierres employées à bâtir les principales villes de Crète.

Quoi qu'il en soit, Dédale, forcé de fuir Minos, se réfugia dans la Sicile, où probablement il passa le reste de ses jours. On ignore le temps et le genre de sa mort. Pour témoigner sa reconnaissance à Cocalus, il fit creuser un canal où se jetait le fleuve Alabas, que l'on nomme aujourd'hui Cantera. Il construisit sur un rocher, près de la ville d'Agrigente, une forte citadelle, dont les avenues étaient si difficiles, que très-peu d'hommes suffisaient pour la défendre. Cocalus en fit sa demeure. Les ouvrages de Dédale furent sans nombre; mais, par la suite des temps, sa grande réputation lui fit attribuer tous ceux qui avaient quelque perfection.

La fable publia, au sujet de Talus, que Dédale, son oncle, l'avait précipité du haut de la citadelle de Minerve, mais que cette déesse, protectrice des arts, l'avait changé en perdrix.

Parmi les disciples de Dédale, le plus habile fut Eudocus : il fut en même temps le plus fidèle à la reconnaissance; jamais il ne voulut abandonner son maître pendant ses malheurs : il est aussi le seul dont le nom a passé à la postérité.

MÉLANGES HISTORIQUES SUR THÉSÉE.

Thésée passait pour être fils de Neptune et d'Éthra ; mais il devait le jour à Égée, roi d'Athènes, qui descendait directement du grand Érecthée, roi de l'Attique et de plusieurs autres pays. Thésée, par sa mère, était petit-fils de Pélops, roi du Péloponèse, l'un des plus puissans princes de son temps. Parmi les enfans de Pélops, Pitthée, l'un d'eux, fonda la ville de Trézène ; sa fille, Éthra, devint l'épouse d'Égée. Ce prince, ayant été forcé de s'éloigner d'elle, eut soin, avant de la quitter, de cacher une épée sous un quartier de rocher. Il ordonna à Éthra, si elle avait un fils, de ne l'envoyer auprès de lui que lorsque l'enfant serait assez fort pour soulever cette pierre et s'emparer de l'épée ; il lui promit de le reconnaître pour son fils aussitôt qu'il lui rapporterait ce témoignage de sa naissance. Thésée, dès ses premières années, fit prévoir qu'il serait un héros. Hercule étant venu voir Pitthée, quitta sa peau de lion pour se mettre à table. Plusieurs enfans s'effrayèrent en voyant la dépouille de cet animal terrible ; mais Thésée, âgé seulement de sept ans, saisit la hache que tenait un esclave, et s'avança croyant combattre l'animal. Éthra, souvent témoin du courage de son fils, lui découvrit enfin le secret de sa naissance; il partit de Trézène pour aller se faire reconnaître par son père Égée. Dans sa route, il purgea les chemins de plusieurs scélérats, et des animaux féroces qu'il put rencontrer. Son premier exploit fut son combat contre Périphétès, qui se tenait en embuscade dans les environs d'Épidaure, et assommait les passans avec une massue de cuivre. Thésée lui donna la mort, et conserva toujours cette massue comme la marque de sa première victoire. En arrivant à Athènes, il trouva la maison d'Égée remplie de troubles.

Les poëtes ont rapporté dans leurs fables que Médée s'y était réfugiée, et qu'elle avait formé le projet d'épouser Égée. Ils disent que Médée, à qui sa science dans la magie faisait tout pénétrer, distingua facilement le jeune Thésée; elle le regarda comme un obstacle à ses desseins; et, sachant que le roi ne le connaissait pas encore pour son fils, elle lui inspira des soupçons, et lui persuada de le faire empoisonner dans un festin. La coupe fatale fut préparée; Thésée s'en approcha; mais, avant de la saisir, il tira son épée, et la fit briller aux yeux du roi. Dans l'instant même Égée reconnut Thésée, renversa la coupe, et déclara publiquement qu'il était son fils, et qu'il lui destinait la couronne.

Pallas, fils de Pandion, avait des prétentions à ce trône ; il regardait Égée lui-même comme étranger au sang royal des Érechthides. Il prit les armes pour s'emparer du royaume ; mais Thésée sut défendre son père et sa couronne. Pallas fut vaincu, mis à mort, et ses partisans périrent avec lui. Après cette victoire, le héros alla combattre le taureau de Marathon, qu'il prit vivant et qu'ensuite il sacrifia. Ce fut peu de temps après qu'il alla délivrer sa patrie du tribut honteux que Minos second en avait exigé. Ce récit des poëtes est un mélange de fable et d'histoire. Nous verrons, à l'histoire de Médée, que cette femme trop fameuse ne put point se trouver à la cour d'Égée dans le temps qu'il reconnut son fils, et que les poëtes lui ont attribué des crimes dont elle était innocente.

Thésée fut le compagnon des Argonautes dans la conquête de la Toison d'or. Il fut celui d'Hercule dans la guerre des Amazones. Il était avec Pirithoüs, lors du combat des Centaures contre les Lapithes, et il accompagna Méléagre à la chasse du sanglier de Calydon. Ce héros extermina deux tyrans de Sicile, très-fameux par leurs crimes et leurs barbarie. Le premier, nommé Phalaris, faisait enfermer des hommes vivans dans un taureau d'airain ; on les brûlait à petit feu, et leurs cris de douleur ressemblaient aux mugissemens d'un taureau. Pérille, inventeur de cette horrible machine, fut le premier à qui Phalaris en fit faire l'essai. Le second tyran, nommé Procruste, faisait attacher les étrangers sur un lit de fer, et on coupait à ces déplorables victimes la partie de leur corps qui excédait la longueur du lit.

Pirithoüs, roi des Lapithes, peuple de la Thessalie, devint le meilleur ami de Thésée. Ce prince, ayant entendu vanter les exploits du fils d'Égée, voulut le connaître et s'essayer contre lui ; mais ces deux héros, après s'être connus, ne voulurent point se battre, et se jurèrent une éternelle amitié. Quelque temps après, Pirithoüs épousa Déidamie, que l'on nommait aussi Hippodamie. Thésée fut invité aux noces, ainsi que les Centaures. Ces derniers, dans la chaleur du vin, voulurent enlever la femme de Pirithoüs, et tuèrent plusieurs Lapithes qui s'opposaient à leur attentat. Thésée vengea bientôt son ami, en faisant périr presque tous les Centaures. Cénée, un des plus fameux Lapithes, ayant été écrasé sous un amas d'arbres, on publia qu'il avait été changé en oiseau.

Les Centaures étaient des peuples de la Thessalie, qui les premiers trouvèrent l'art de dompter les chevaux, et de les employer à l'attaque de leurs ennemis. Cette manière de combattre surprit tellement, que l'on confondit, dans le premier moment, les hommes et les chevaux : on les peignit comme moitié hommes et moitié chevaux. On leur donna le nom d'*hippocentaures*, du mot *hippos*, *cheval*. Nous parlerons des Centaures dans l'histoire d'Hercule.

La plus tendre amitié unissait Pirithoüs et Thésée ; ils entreprirent ensemble plusieurs aventures, dont quelques-unes leur réussirent. La belle Hélène, fille de Tyndare, était célèbre dans toute la Grèce, quoiqu'elle fût encore fort jeune. Pirithoüs et Thésée se réunirent pour l'enlever. Ils allèrent à Sparte, et, leur projet ayant réussi, Hélène fut tirée au sort ; elle échut à Thésée. Pour dédommager son ami Pirithoüs, Thésée lui promit de l'accompagner en Épire, et de le seconder dans le projet d'enlever Proserpine, femme d'Aïdonée. Cette seconde entreprise leur devint fatale. Pirithoüs y fut tué et dévoré par les chiens d'Aïdonée ; Thésée fut fait prisonnier, et ne recouvra sa liberté qu'à la prière d'Hercule, qui parvint à l'obtenir d'Aïdonée. Cette prison de Thésée était dans l'île de Cichyros, où l'on trouve le marais *Achérusin* et les fleuves *Achéron* et *Cocyte*. Les poëtes publièrent qu'il était descendu dans les enfers pour enlever Proserpine; qu'il y avait été enchaîné par Pluton, et qu'il n'avait pu obtenir sa liberté qu'à la prière d'Hercule.

Thésée épousa plusieurs femmes. La première fut *Anthiope* ou *Hippolyte*, reine des Amazones, et mère de cet Hippolyte dont nous avons rapporté l'histoire. Hercule la donna en mariage à Thésée, pour le récompenser de l'avoir aidé à combattre les Amazones. Sa seconde femme fut Phèdre, fille de Minos second, devenue si célèbre par sa passion coupable et funeste pour le jeune Hippolyte.

Pendant la captivité de Thésée, l'ingrat peuple d'Athènes oublia tous ses bienfaits et favorisa ses ennemis. Castor et Pollux vinrent à la tête d'une armée reprendre leur sœur Hélène. Cette guerre fut nommée *des Tyndarides*.

Pour mieux faire connaître l'ingratitude des Athéniens, il est nécessaire de rappeler ce que Thésée avait fait pour eux. Il avait rassemblé les douze bourgades de l'Attique dans la seule ville d'Athènes, et ne faisait plus de lois sans les consulter. Cette forme nouvelle de gouvernement excita la curiosité générale, on accourut à Athènes de toutes les parties de la Grèce. Thésée craignit que le trop grand nombre d'étrangers ne nuisit à l'ordre public ; il divisa le peuple en trois corps. Le premier fut composé de nobles, le second, des artisans, et le troisième, des laboureurs. Tous obtinrent de Thésée les priviléges qu'ils crurent utiles à leur bonheur, il ne se réserva que le droit de veiller à la sûreté des lois. Ce fut alors qu'il introduisit le culte de la déesse *Pitho* ou *la Persuasion*, afin qu'elle réunît tous les intérêts et tous les esprits. Il renouvela les jeux isthmiques en l'honneur de Neptune ; il donna tous ses soins à la religion, il sentit qu'elle seule pouvait opposer un frein suffisant aux passions humaines. Il institua des fêtes auxquelles on pouvait se rendre avec sûreté, parce qu'à l'exemple d'Hercule il avait purgé la Grèce des scélérats et des bêtes féroces qui l'infestaient auparavant.

Thésée, en faisant la réunion des douze bourgades de l'Attique, n'avait songé qu'à rendre les Athéniens plus puissans, et n'avait pas prévu que ce bienfait détruirait son propre pouvoir. Chaque bourgade, avant ce moment, avait ses intérêts particuliers, et ne songeait point à gouverner, parce qu'elle redoutait les autres bourgades que Thésée pouvait employer pour la maintenir dans l'obéissance. Lors de la réunion, Thésée n'eut plus aucune force à sa disposition. Il ne s'était réservé que la surveillance des lois; il ne pouvait plus forcer à les suivre. Ce bienfait imprudent détruisit sa puissance. Vainement il crut enchaîner les Athéniens par la reconnaissance, vainement il augmenta les priviléges du peuple. On reconnut qu'il ne pouvait plus contraindre à l'obéissance ; le peuple voulut gouverner par lui-même, et tous les essais que fit Thésée pour conserver ses droits parurent des actes tyranniques ou arbitraires. Il semblait que Thésée, comblé de travaux et de gloire, n'avait plus qu'à jouir de la reconnaissance publique ; les Athéniens, jaloux de l'ombre de pouvoir qu'il s'était réservé, se fatiguèrent du respect qu'ils lui devaient ; ils favorisèrent ses ennemis, l'abandonnèrent lâchement, et le forcèrent à s'exiler. Il reconnut l'impossibilité de gouverner un peuple corrompu, qui voulait sans cesse être flatté. Il envoya secrètement ses enfans dans l'Eubée, chez Elphénor, fils de Chalcodon, et se rendit lui-même au bourg de Gagette, où il adressa aux dieux ses malédictions contre les ingrats Athéniens. Ce lieu se nomme encore aujourd'hui *le Champ des Malédictions*.

Thésée s'embarqua pour se rendre à la cour

de Lycomède roi de l'île de Scyros. Ce lâche ami des Athéniens ne sembla le bien accueillir que pour le perdre plus sùrement. Sous le prétexte de lui montrer l'étendue de l'île et ses flottes nombreuses, il le fit monter sur un rocher très-élevé, d'où il fut précipité. Ce fut ainsi que périt l'un des plus illustres héros de l'antiquité.

Sa mort arriva pendant la treizième année du règne de Mnesthée. Ce ne fut qu'après la mort de ce roi que les enfans de Thésée retournèrent à Athènes et remontèrent sur le trône : ces faits sont attestés par les marbres de Paros.

La puissance des Athéniens ne fut pas assez grande pour empêcher la Grèce et l'univers de conserver le souvenir de la gloire de Thésée. Après sa mort, on se rappela ses actions et sa grande piété envers les dieux ; on lui rendit les honneurs accordés aux héros ; on lui bâtit même des temples : enfin, plusieurs siècles après, les Athéniens placèrent parmi les dieux le héros qui était né parmi eux.

Thésée pendant sa vie avait, à l'imitation de Bacchus, consacré sa chevelure dans un temple d'Apollon. On nomma sa coiffure théséïde, comme on nommait bachique celle de Bacchus. Hector les imita par la suite des temps; cette coiffure consistait à avoir les cheveux coupés très-courts.

Thésée eut de Phèdre un fils célèbre nommé Démophoon. En allant à la guerre de Troie, il fut accueilli par Phyllis, reine de Thrace et fille de Lycurgue, roi dans le même pays. Démophoon l'épousa ; mais, l'ayant bientôt abandonnée cette malheureuse épouse ne put soutenir les douleurs de l'absence, elle se donna la mort. Les poëtes publièrent qu'elle avait été changée en amandier. Le nom de *Phyllis*, presque semblable à celui de *Phylla, amandier*, a seul donné lieu à cette fable. Les poëtes ajoutèrent que l'amandier fleurit au commencement du printemps, parce que Phillis témoigna de cette manière la joie que lui causait le retour de Démophoon, lorsqu'elle le vit revenir au printemps.

Sous l'archontat de Phédon, Cimon persuada aux Athéniens de faire des recherches pour retrouver les restes du grand Thésée. Un aigle qui béquetait la terre, fit découvrir un tombeau dans lequel on trouva les cendres et les armes de ce héros. Les Athéniens les reçurent avec le plus grand respect, et les firent placer au milieu de leur ville.

Thésée, pendant sa vie, s'était toujours montré le défenseur des malheureux ; jamais on n'avait imploré vainement son secours ; il fut décidé que la place de sa sépulture deviendrait à jamais un asile inviolable et sacré pour tous ceux qui craignaient la violence de leurs persécuteurs, de sorte que, long-temps même après sa mort, Thésée fut encore le bienfaiteur de l'humanité et le protecteur des malheureux.

HISTOIRE D'HERCULE.

Nous croyons faire plaisir à nos lecteurs, en plaçant sous leurs yeux ce que l'auteur du Voyage d'Anacharsis a écrit sur le plus illustre des héros.

« Toute la terre est pleine du bruit de son
» nom et des monumens de sa gloire. Il des-
» cendait des rois d'Argos ; il passait pour
» fils de Jupiter et d'Alcmène, épouse d'Am-
» phitryon.

» Son histoire est un tissu de prodiges, ou
» plutôt c'est l'histoire de tous ceux qui ont
» porté le même nom et subi les mêmes tra-
» vaux que lui. On a exagéré leurs exploits ;
» et, en les réunissant sur un seul homme,
» en lui attribuant toutes les grandes entre-
» prises dont on ignorait les auteurs, on l'a
» couvert d'un éclat qui semble rejaillir sur
» l'espèce humaine ; car l'Hercule qu'on adore
» est un fantôme de grandeur élevé entre le

» ciel et la terre comme pour en combler l'in-
» tervalle. Le véritable Hercule ne différait
» des autres hommes que par sa force, et ne
» ressemblait aux dieux des Grecs que par
» ses faiblesses. »

Parmi les Hercules les plus célèbres, Diodore de Sicile en distingue trois. Le premier voyagea dans l'Afrique, et fit élever auprès de Cadix les fameuses colonnes qui disent aux voyageurs que vainement ils voudront passer au delà. Le second naquit en Crète, parmi les Dactyles Idéens; il fut le premier instituteur des jeux olympiques. Le troisième, fils de Jupiter et d'Alcmène, naquit à Thèbes, et se rendit célèbre par mille travaux. Il en existait un plus ancien que ces trois ; mais les auteurs grecs anciens portant le nombre des Hercules au delà de quarante, il serait trop inutile et trop long de vouloir tous les désigner. Il faut seulement observer que l'origine de ce nom paraît venir du mot phénicien *karokel*, *marchand*. Ce nom se donnait généralement aux chefs des colonies, aux navigateurs célèbres et aux étrangers illustres. On se confirme surtout dans cette opinion, en voyant que l'Hercule tyrien se nommait *Thasius* ; le phénicien, *Agenor* ; le grec, *Alcée*, ou *Alcide* ; l'égyptien contemporain d'Osiris et général de ses troupes, *Ozochor*.

Ce fut à Thèbes que naquit Alcide, le plus illustre des Hercules. Il était fils d'Alcmène et d'Amphitryon, descendant de Persée. Ce prince, héritier d'Électryon par sa femme, devait succéder au royaume de Mycène et le transmettre à son fils Alcide ; mais Amphitryon ayant involontairement tué son beau-père Électryon, fut obligé de fuir et de se retirer à Athènes. Sthénélus alors devint roi de Mycène, et eut pour successeur Eurysthée, son fils, qui naquit en même temps qu'Alcide ; de sorte que ce dernier se trouva le sujet d'Eurysthée.

La grande célébrité d'Hercule fit bientôt ajouter des fables à son histoire. Sa force, son courage, ses exploits surprenans, flattaient l'orgueil humain, mais l'impossibilité de l'égaler fit dire qu'il devait le jour au plus grand des dieux.

Jupiter, dit la fable, prit la forme d'Amphitryon, et fut père d'Alcide. La nuit où le maître du tonnerre emprunta cette forme, fut plus longue que les autres. Junon, jalouse des grandes destinées de ce héros, retarda le moment de sa naissance, afin d'assurer par le droit d'aînesse le royaume de Mycène à Eurysthée. Junon savait que Jupiter avait juré que le premier des deux qui naîtrait commanderait à l'autre ; déguisée en vieille, et sous le nom de Lucine, elle se tint assise à la porte d'Alcmène, et prononçait des paroles magiques pour retarder la naissance d'Alcide. Galanthis, suivante d'Alcmène, s'en étant aperçue, trompa la déesse, et lui dit qu'Alcmène venait de mettre au monde un bel enfant. Junon, surprise, quitta sa place, et dans ce même instant Hercule vit le jour. La déesse, irritée contre Galanthis, se vengea d'elle en la changeant en belette. Junon s'appliqua sans cesse à persécuter Hercule. Elle voulut le faire périr, en envoyant deux serpens dans son berceau, pour le dévorer; mais le jeune enfant les saisit et les étouffa. Cependant Junon, à la prière de Pallas, s'adoucit en faveur d'Hercule; elle alla même jusqu'à lui donner de son lait. Quelques gouttes échappées de sa bouche blanchirent la partie du ciel que l'on appela depuis la voie lactée. (Amas immense d'étoiles qui rend plus claire cette portion du ciel.) Le tonnerre se fit entendre à l'instant de la naissance d'Hercule, et les poëtes assurèrent que c'était un présage de ses grandes destinées.

Telles sont les fables principales dont les poëtes ornèrent le récit de la naissance d'Hercule. Écartons ses voiles pour revenir à son histoire.

Eurysthée, fils de Sthélénus, devint roi de

Mycène, et fut jaloux d'Alcide. Les droits et le courage de ce héros lui portèrent ombrage; il chercha tous les moyens de l'occuper, et même d'exposer sa vie. La Grèce alors était remplie de brigands, de scélérats et de bêtes féroces ; ce fut à les combattre que fut employée toute la vie d'Hercule, et les poëtes peignirent ses travaux continuels et dangereux sous l'image des persécutions de Junon.

Hercule fut élevé chez Créon, roi de Thèbes, qui prit beaucoup de soin pour cultiver son esprit Le grand courage qu'il montra dès ses premières années détermina Créon à lui donner pour épouse Mégare, sa fille, dont il eut quelques enfans. Ayant appris que toute sa vie il serait soumis aux ordres d'Eurysthée, il eut un si violent transport de fureur, que, ne reconnaissant rien de ce qui était autour de lui, il massacra ses propres enfans et son cousin Iolas. Lorsque le calme fut revenu, sa douleur fut si grande et ses regrets si vifs, qu'il ne voulut plus demeurer à Thèbes; il alla se faire expier de son crime involontaire, et vint se soumettre aux ordres d'Eurysthée. Ce prince trouva son repentir si grand et sa soumission si franche, qu'il lui confia le commandement de ses armées, en prenant cependant le soin de l'occuper sans cesse à de nouveaux travaux.

Les poëtes attribuèrent cet accès de fureur à la jalousie de Junon ; ils publièrent que Pallas, en jetant une pierre, lui rendit son calme, et le fit tomber dans un profond sommeil. Cette allégorie fut employée pour peindre les soins de ses amis et les bonnes résolutions que lui fit prendre une sage réflexion. Hercule regarda son mariage comme funeste ; il se sépara de Mégare, et la fit épouser au second Iolas, fidèle compagnon de ses travaux et de ses courses.

EXPLICATION DES TRAVAUX D'HERCULE.

Hercule, dans son premier voyage, tua deux serpens redoutables. Sa grande jeunesse fit publier que Junon les avait envoyés dans son berceau pour le dévorer, et qu'en les étouffant, il se fit reconnaître pour fils de Jupiter. Il donna la chasse à quelques lions dans la forêt de Némée. Il s'en trouva un beaucoup plus grand que les autres, qu'il tua, et dont il porta la peau pendant le reste de sa vie.

Pour donner plus de merveilleux à ce combat, la fable rapporte que Junon avait suscité le lion, et qu'Alcide l'ayant vaincu, la déesse l'avait placé parmi les astres. Les rois de Syrie, à l'exemple d'Hercule, se paraient d'une semblable dépouille.

Des oiseaux du lac Stymphale désolaient l'Arcadie; Hercule les poursuivit avec grand bruit, et les chassa du pays. Telle est la fable; voici l'histoire : Des voleurs ravageaient le pays, et se cachaient dans les bois qui couvraient les bords du lac Stymphale; Hercule se mit à leur poursuite, et les fit sortir du bois en faisant battre sur des timbales d'airain. Ces voleurs, chassés de leur retraite, furent vaincus et détruits. Tels sont les oiseaux Stymphalides, que l'on confond souvent avec les Harpies, et qu'il faut cependant en distinguer.

Les marais de Lerne, près d'Argos, étaient remplis de serpens qui semblaient se multiplier à mesure qu'on les détruisait. Hercule mit le feu aux roseaux pour en purger entièrement ces marais, et la culture vint ensuite rendre ce lieu très-fertile : ce qui fit dire qu'il s'était servi d'une faux d'or pour couper les têtes sans cesse renaissantes de l'Hydre. Il paraît aussi que, parmi ces serpens, il y en avait d'une espèce très-venimeuse, que l'on nommait *Hydros*; ce qui donna lieu à la fable de l'Hydre de Lerne. Hercule trempa ses flèches dans le venin de ce serpent, ce qui rendit leurs blessures incurables. Junon, continue la fable, voyant Hercule prête à triompher de l'Hydre, envoya un cancre marin pour le détourner de son combat, en le mordant au talon. Hercule l'écrasa, et Junon en fit le signe de l'Écrevisse.

La forêt d'Érymanthe était pleine de sangliers. Hercule leur donna la chasse, les détruisit, et présenta le plus gros à Eurysthée ; ce prince crut qu'il n'était pas encore mort : il en eut une telle frayeur, qu'il alla se cacher. Les défenses de ce terrible sanglier furent long-temps conservées dans le temple d'Apollon.

Eurysthée ordonna à Hercule de lui amener une biche très-célèbre par son adresse à éviter les chasseurs. Le héros la poursuivit pendant une année entière, et parvint à la prendre vivante. On publia qu'elle avait des pieds d'airain (allégorie pour désigner la vitesse de sa course) ; et, pour ajouter au merveilleux, on lui supposa des cornes d'or.

Le roi Augias avait des troupeaux si nombreux, qu'il ne put faire construire des étables assez grandes pour les contenir. Il leur laissa la liberté de courir dans les campagnes ; ce qui les foula aux pieds, les couvrit de boue, et les rendit impossibles à cultiver. Hercule, à sa prière, employa ses troupes à détourner le cours du fleuve Alphée; ses eaux, en coulant sur les plaines, les nettoyèrent, et leur rendirent toute leur fertilité. Telle fut l'origine de la fable des écuries d'Augias, nettoyées par un fleuve. Ce prince avare n'ayant pas voulu payer la récompense qu'il avait offerte pour ce service, Hercule entra dans l'Élide, le vainquit, le fit mourir, ainsi que son fils Euryte, et donna la couronne à Philée, fils d'Augias, parce qu'il avait fait tous ses efforts pour empêcher son père d'être injuste et ingrat envers Hercule.

Aïdonée, roi de Thesprotie, vint au secours d'Augias; mais il fut battu et blessé : ce qui donna lieu à la fable de Pluton combattant Hercule, et blessé par ce héros, que Minerve protégeait pendant ce combat.

L'Île de Crète nourrissait des taureaux de la plus grande beauté; Eurysthée ordonna à Hercule d'aller ravir le plus beau et de le lui amener : ce qu'il exécuta. La fable publia que ce taureau était celui de Pasiphaé.

Hercule reçut aussi l'ordre d'aller enlever les cavales de Diomède; ce prince voulut les défendre; il fut tué. Diomède aimait tellement ses chevaux, que, pour en nourrir un plus grand nombre, il s'était ruiné, et avait vendu jusqu'à ses esclaves. On publia, d'après cela, qu'il les nourrissait de chair humaine. Hercule, en allant en Espagne, saccagea l'île de Cos, et défit le fameux Géryon, géant à trois corps, c'est-à-dire qu'il défit un prince qui régnait sur les trois îles Majorque, Minorque et Ébuse.

En arrivant dans l'Italie, Hercule fit plusieurs conquêtes; rassuré par son courage et ses nombreuses victoires, il prit de faibles précautions pour se camper. Cacus, petit tyran, qui faisait sa demeure dans des rochers inaccessibles, le surprit pendant la nuit, et lui enleva une partie de son butin. Hercule le poursuivit, l'assiégea dans son fort, et lui ôta la vie. On peignit Cacus comme un géant à trois têtes, jetant des flammes par ses bouches et ses narines; on le disait fils de Vulcain.

Hercule voulut établir une colonie dans une partie de l'Afrique, pour faciliter le commerce : il en fut repoussé par un autre chef de marchands qui s'y était si bien établi, qu'il était impossible de l'y forcer. Hercule sut l'attirer sur la mer; et, lui ayant coupé tous les passages vers la terre, où il allait se rafraîchir et prendre de nouvelles troupes, il le fit périr. Cette victoire produisit la fable d'Antée, fameux géant, fils de la Terre. Pendant son combat contre Hercule, il reprenait de nouvelles forces toutes les fois qu'il touchait la Terre, sa mère; mais le héros, l'ayant saisi dans ses bras nerveux, le tint élevé au-dessus de la Terre, et l'étouffa.

Cet Antée avait bâti la petite ville de *Tingi*, qui est aujourd'hui un bourg de Gibraltar. Sertorius fit, par la suite des temps, ouvrir le tombeau de ce géant, et ses ossemens se trouvèrent effectivement d'une grandeur extraordinaire.

Pendant le séjour d'Hercule dans l'Afrique, le tyran Busiris envoya des pirates pour enlever les Hespérides, nièces d'Atlas, prince de Mauritanie et d'Hespérie. Hercule défit les corsaires, et vint attaquer Busiris, qu'il tua. Atlas, pour le récompenser, lui donna des leçons d'astronomie. Hercule devint habile dans cette science; il fut le premier à découvrir que la voie lactée n'était qu'un amas d'étoiles. Les poëtes peignirent cette découverte en disant qu'il avait laissé tomber quelques gouttes du lait de Junon sur cette partie du ciel. De même, les secours qu'Hercule donna à Atlas dans la guerre contre Busiris donnèrent lieu à la fable qu'il l'avait aidé à porter le ciel sur ses épaules. Atlas lui donna en présent les plus belles brebis du pays. Le même mot grec exprime une *brebis* ou une *pomme*. On peignit ce présent sous la fable des pommes d'or du jardin des Hespérides données à Hercule. Ce héros pénétra jusqu'à Cadix, qu'il regarda comme l'extrémité du monde, parce que, dans ce point, le soleil, à son couchant, a l'air de se plonger dans l'Océan. Il fit élever deux colonnes, sur lesquelles il fit inscrire qu'on ne pouvait *aller au delà*. Bacchus, ou plutôt Osiris, en avait fait autant dans les Indes.

Toutes les histoires fabuleuses parlent de ces colonnes; cependant quelques critiques très-savans croient qu'elles n'ont jamais existé. Ils disent qu'il faut attribuer cette fable à la situation des deux montagnes nommées *Calpé* et *Abyla*, dont l'une est en Afrique et l'autre en Europe, sur le détroit de Gibraltar. Le mot *abyla* signifie une montagne. On regardait comme téméraire, et même impossible, de pousser ses courses au delà de ce but.

Quoi qu'il en soit, on voyait des colonnes magnifiques dans le temple que les habitans de Cadix firent élever, à quelque distance de leur ville, en l'honneur d'Hercule; les caractères phéniciens que l'on trouvait sur ces colonnes firent croire qu'Hercule lui-même les avait fait élever. Les anciens croyaient à ces deux colonnes le pouvoir d'arrêter l'impétuosité des vents, et d'empêcher que l'Océan, revenant à leur suite, ne ramenât sur la terre le désordre et la confusion qui régnaient au temps du chaos.

La situation de ce temple, aux bornes du monde, son ancienneté, ses bois incorruptibles, ses inscriptions, ses hiéroglyphes, les travaux d'Hercule, que les Grecs y gravèrent par la suite, le rendirent extrêmement célèbre. La ville de Cadix se croyait à l'abri de tous les dangers, parce qu'elle était sous l'immédiate protection du plus grand des héros. Théton, roi d'Espagne, voulut piller ce temple; une terreur panique dispersa ses troupes, et fit éloigner ses vaisseaux.

On croit généralement que l'expédition d'Afrique fut le dernier des travaux qu'ordonna Eurysthée. Il reconnut enfin qu'il ne faisait qu'ajouter à la gloire d'Hercule, et qu'il pouvait se rassurer sur ses prétentions au trône; mais le repos ne pouvait convenir à ce héros. Sa valeur lui fit entreprendre de nouveaux travaux. Il pénétra dans le fond de la Scythie, pour délivrer Prométhée, comme nous l'avons déjà dit.

Le fleuve Achéloüs, par ses inondations, ravageait les champs de Calydon, et déracinait les bornes qui marquaient les propriétés. Hercule construisit des digues, et par ce moyen rendit la paix aux Calydoniens et aux

Arcadiens, qui se faisaient souvent la guerre pour ces bornes.

La fable, ainsi que nous l'avons déjà dit, peignit cet ouvrage comme un véritable combat contre le fleuve. Elle représente Achéloüs changé en serpent, pour figurer les sinuosités de son cours. Il se métamorphosa en taureau, symbole sous lequel on représentait les fleuves. Hercule lui arracha une corne ; c'est-à-dire qu'il réunit deux bras en un seul. Il échangea cette corne pour celle de la chèvre Amalthée, qui produisait tous les biens ; c'est-à-dire, que l'ancien bras du fleuve devint une terre très-fertile. OEnée, roi de Calydon, récompensa ce grand service en accordant sa fille Déjanire en mariage à Hercule. Ce héros en eut un fils nommé Hillius, et passa trois ans à la cour de Calydon.

La fable du combat d'Hercule contre Achéloüs prouve avec quel art les poëtes défiguraient les événemens les plus simples. Ils se servirent des mêmes couleurs pour raconter l'histoire d'Alcméon, fils d'Amphiaraüs. Ce prince avait tué sa mère ; il consulta l'oracle, qui lui répondit qu'il ne serait délivré des furies qu'en allant habiter un lieu que le soleil n'éclairait point encore au temps où il commit ce crime : le fleuve Achéloüs, dans un débordement, entraîna des terres qui bientôt formèrent des petites îles; Alcméon les habita, et s'y fit un asile. Ces îles s'appelaient Eschinades. La fable, pour peindre leur origine, rapporta que des nymphes de ce nom ayant oublié Achéloüs dans un de leurs sacrifices, le dieu de ce fleuve les entraîna, et les métamorphosa en amas de sable et de terre.

Parmi les travaux d'Hercule il faut remarquer le secours qu'en reçut Thésée, lorsqu'il voulut aider son ami Pirithoüs à enlever Proserpine, femme d'Aïdonée, roi d'Épire; Pirithoüs périt comme nous l'avons dit, et Thésée resta prisonnier. Hercule passa dans ce royaume, délivra Thésée, tua un serpent qui se retirait dans l'antre de Ténare, et emmena un dogue monstrueux de la ville de Tricasia. Aïdonée fut blessé par Hercule; et, comme il habitait le pays que l'on nommait les Enfers, on publia qu'Hercule était descendu dans le royaume des morts pour délivrer Thésée, qu'il avait enchaîné Cerbère, et blessé Pluton lui-même.

Hercule regardait apparemment son expédition contre Aïdonée comme très-périlleuse; car, avant de l'entreprendre, il voulut se faire initier à Athènes dans les mystères Éleusiens. Musée, fils d'Orphée, qui présidait à ces mystères, lui représenta que les hommes n'y pouvaient être admis; mais, pour ne pas refuser entièrement ce héros redoutable, il en institua d'autres, à son occasion, que l'on nomma petits mystères Éleusiens. Depuis Hercule, les étrangers y étaient admis.

La délivrance d'Alceste est une des plus brillantes actions d'Alcide. Médée, dit la fable, conseilla aux filles de Pélias de couper leur père en morceaux, et de faire bouillir ses membres avec des herbes qu'elle leur indiqua. Ce moyen, assurait-elle, devait le rajeunir comme elle avait elle-même rajeuni Éson, père de Jason. Le malheureux vieillard fut la victime de la crédulité de ses filles; Acaste, son fils, poursuivit ses sœurs jusque dans la cour d'Admète, où elles s'étaient réfugiées après leur crime involontaire; ce prince voulut d'autant moins les livrer, qu'épris d'Alceste il l'avait épousée. Acaste ravagea la campagne; Admète sortit de la ville pour défendre son pays, et fut malheureusement pris dans une sortie. Alceste, alors, ne consultant que sa tendresse pour son époux, offrit de se livrer entre les mains d'Acaste, afin d'obtenir la liberté d'Admète. L'échange fut accepté, et Alceste venait d'être immolée lorsqu'Alcide rencontra la Mort, et la combattit; il trouva moyen de la vaincre et de lui lier les mains avec des chaînes de diamant. Il ne consentit à lui rendre sa liberté qu'à la condition qu'elle rendrait Alceste à la vie. La Mort fut contrainte de céder à la force d'Hercule, et ce héros ramena la tendre et généreuse Alceste auprès de son époux.

L'histoire ne laisse aucune trace qui prouve le perfide conseil donné par Médée aux filles de Pélias. On trouve au contraire que ce prince n'existait plus au retour des Argonautes, que même ses jeux funèbres avaient été célébrés par ces héros. Nous verrons, à l'histoire de Jason, que les poëtes attribuèrent à Médée plusieurs crimes dont elle n'était point coupable.

Il est plus facile d'expliquer le combat d'Hercule contre la Mort, et la délivrance d'Alceste. L'histoire rapporte qu'Admète, vaincu par Acaste et devenu son prisonnier, fut contraint de lui livrer Alceste; elle retournait dans les états de son frère et avait déjà traversé le fleuve Achéron, lorsqu'Hercule les rencontra. Il combattit Acaste, et le força de lui rendre Alceste, qu'il ramena auprès de son époux.

La célébrité des Amazones était très-grande du temps d'Hercule. Leurs conquêtes sur leurs voisins les rendaient très-redoutables : Eurysthée voulut qu'Hercule allât combattre ces illustres guerrières et lui rapportât leurs trésors. Ce héros s'embarqua sur le Pont-Euxin, et parvint aux bords du Thermodon. Il attaqua ces héroïnes, remporta la victoire; et, pour récompenser le secours que lui avait donné Thésée dans cette guerre, il lui fit épouser Antiope, ou Hippolyte leur reine, qu'il avait faite prisonnière. Ménalippe devint alors reine des Amazones, et, pour obtenir la paix, elle sacrifia la plus grande partie des richesses de son royaume.

Les Amazones, voisines des Scythes, ne souffraient aucun homme parmi elles; tous les ans elles allaient visiter leurs maris. Dans ces entrevues, elles leur rendaient les enfans mâles, et conservaient les filles pour les élever au métier de la guerre. On leur brûlait le sein droit pour leur laisser plus de facilité à tirer de l'arc.

On a souvent voulu révoquer en doute l'histoire de ces guerrières; mais Hérodote, Diodore de Sicile, Pausanias, Plutarque et beaucoup d'autres historiens très-graves, attestent la verité de leur existence. Elles régnaient en Scythie sur les bords du Thermodon. Penthésilée, l'une de leurs reines, alla porter du secours à Priam, pendant le siége de Troie, et fut tuée par Achille. Quinte-Curce assure qu'une de leurs reines vint voir Alexandre.

Hercule voulut accompagner les Argonautes à la conquête de la Toison-d'Or, mais il n'alla point jusqu'à Colchos, et descendit dans la Troade pour chercher Hylas, qui s'était égaré ou noyé en allant chercher de l'eau pour ses compagnons. Les Argonautes partirent sans attendre le retour d'Hercule. Il s'avança du côté de la ville de Troie, dont la mer venait de détruire en partie les murailles par ses inondations. On publia que Neptune se vengeait de Laomédon, et que, pour sauver la ville, il fallait exposer une jeune fille et la faire servir de pâture à un monstre marin. Le sort tomba sur Hésione, fille de Laomédon. Hercule arriva sur ces entrefaites ; il offrit de délivrer cette princesse, à la condition qu'on lui donnerait six chevaux légers comme le vent, et qui courraient sur les eaux sans enfoncer (c'est-à-dire six bonnes galères qui lui étaient nécessaires pour son retour). Hésione fut délivrée; mais Laomédon refusa les galères. Hercule, indigné, attaqua la ville, la prit, enleva Hésione, la fit épouser à Télamon, tua Laomédon, et donna la couronne à Podarce, frère d'Hésione.

Le monstre marin n'était autre chose que les inondations de la mer. Le roi promit sa fille en mariage à celui qui pourrait garantir la ville par des digues suffisantes. Hercule réussit à les élever, et punit Laomédon d'avoir manqué à sa parole. Telle fut l'origine de la fable que nous avons rapportée plus haut.

Il serait impossible de rapporter exactement tous les travaux, les combats et les victoires d'Alcide, ou plutôt des personnages célèbres et différens qui portèrent le nom d'Hercule. Celui de Thèbes fut le plus illustre de tous, et on lui attribua les actions héroïques de ceux qui marchaient sur ses traces.

Hercule Thébain, après avoir exécuté les travaux commandés par Eurysthée, et ceux que lui fit entreprendre son courage, conçut pour Iole fille d'Euryte une violente passion, qui causa sa mort et celle de Déjanire, qu'il avait épousée dans l'Italie. La vaillance d'Hercule ne le garantissait pas du pouvoir de l'amour; quelquefois même ses passions l'entraînaient au point d'oublier le soin de sa gloire. Appelé en Lydie pour combattre un serpent qui désolait le pays, il vit Omphale, fille du roi du pays, et désira de lui plaire. Cette princesse, orgueilleuse de son empire sur ce héros, le força de s'abaisser jusqu'au point de filer parmi ses femmes. Il changea sa massue contre une quenouille, et quitta la dépouille du lion de Némée pour se revêtir d'ajustemens de femme. Mais cette erreur ne pouvait être longue : il entendit parler de nouveaux dangers; il brisa ses indignes liens, et ne s'occupa plus que de sa gloire.

Avant de rapporter la manière dont il mourut, nous devons rappeler que, peu de temps après son mariage avec Déjanire, il recommença ses voyages. Parvenu sur les bords de la petite rivière d'Évène, il trouva que la fonte des neiges en avait fait un torrent très-rapide. Nessus, que la fable peint sous la forme d'un centaure, parce qu'il était toujours à cheval, offrit de prendre Déjanire sur la croupe de son cheval, et de la transporter de l'autre côté du torrent; Hercule y consentit. Nessus, parvenu à l'autre bord, se crut à l'abri de la colère d'Hercule; il insulta Déjanire et voulut l'enlever; mais le héros lui décocha une flèche teinte du sang de l'hydre, et le blessa mortellement. Nessus, se sentant près de mourir, donna sa robe à Déjanire, en l'assurant qu'elle aurait la propriété d'empêcher Hercule d'aimer jamais une autre qu'elle. La crédule Déjanire conserva ce funeste présent; et, s'étant aperçue de la tendresse d'Hercule pour Iole, elle lui envoya la tunique du centaure, dans le moment où il allait sacrifier sur le mont Œta. Ce héros ne l'eut pas plus tôt placée sur son corps, qu'il entra dans une fureur effroyable, et se sentit consumer par un feu dévorant. Il courut à l'oracle, qui lui répondit que son mal était sans remède. Alors il alla sur le mont Œta, suivi de son ami Philoctète; il dressa lui-même un bûcher qu'il couvrit de la peau du lion de Némée, il se coucha sur ce bûcher, appuya sa tête sur sa massue, et donna l'ordre à Philoctète d'y mettre le feu. Cet ami fidèle avait juré d'obéir; il approcha la flamme; les derniers regards d'Hercule lui commandèrent d'exécuter ses ordres, et dans peu d'instans il fut réduit en cendres. Ainsi mourut le vaillant Alcide, âgé seulement de cinquante-deux ans, et environ trente années avant la guerre de Troie. L'inconsolable Déjanire ne put lui survivre; elle mourut de douleur à Trachine, et demanda que sa sépulture fût au pied du mont Œta, près de la ville que par la suite on nomma Herculie.

Après la mort de ce héros, les poëtes le prirent pour l'objet de leurs poëmes et de leurs fables. On publia qu'il avait été reçu parmi les dieux, et qu'à son arrivée dans le ciel il avait épousé Hébé, déesse de la jeunesse. (Allusion à l'immortalité.) Atlas, dit la fable, qui portait le ciel sur ses épaules, sentit fortement le nouveau poids ajouté à sa charge ordinaire.

Hercule, disent les poëtes, s'étant présenté pour combattre dans les jeux olympiques, personne n'osa se présenter; Jupiter lui-même prit la forme d'un athlète, et lutta contre lui.

Il combattit aussi contre Apollon, et voulut enlever le trépied de Delphes. L'histoire dit l'origine de cette dernière fable. Hercule ayant été consulter l'oracle de Delphes, la prêtresse lui fit une réponse défavorable : Hercule, mécontent, enleva le trépied du temple; mais la Pythie lui ayant reproché qu'il était injuste, et ne marchait point sur les traces d'Hercule Égyptien qu'il avait pris pour modèle, il fut si touché qu'il rendit le trépied.

Hercule, avant sa mort, avait fait jurer à son ami Philoctète que jamais il ne découvrirait le lieu de sa sépulture, ni celui où il aurait déposé ses flèches. Un oracle prédit que la ville de Troie ne serait jamais prise, si l'on ne parvenait point à connaître le lieu de cette sépulture, et si l'on n'obtenait pas les flèches d'Hercule. Ulysse, le plus éloquent et le plus adroit des Grecs, fut chargé de cette découverte. Philoctète, séduit ou vaincu, n'osa pas trahir son serment; mais il eut la faiblesse de donner une sorte d'indication avec le bout de son pied; elle n'échappa point à l'adroit Ulysse : il découvrit l'urne et les flèches, et sut persuader à Philoctète de l'accompagner au siège de Troie. Cette infidélité fut bientôt punie. Un jour que l'ami d'Hercule touchait ses flèches, une d'elles s'échappa de sa main, et tomba sur le pied qui avait décélé le dépôt. La blessure devint si cruelle et si infecte, que ses compagnons profitèrent d'un instant où il s'était éloigné d'eux, ils l'abandonnèrent à ses remords et à ses douleurs dans l'île de Lemnos. Cette lâche trahison fut inutile aux Grecs; l'oracle ordonna d'apaiser Philoctète. Ulysse revint en suppliant, et parvint encore à le persuader; il se laissa conduire au camp des Grecs, où Machaon, fils d'Esculape, le guérit de sa blessure.

On représente ordinairement Hercule sous la forme d'un homme très-robuste, s'appuyant sur une massue, et les épaules couvertes de la dépouille du lion de Némée. La tête de ce lion sert quelquefois à couvrir la sienne, et lui donne un air encore plus redoutable. Ses cheveux paraissent crépus, et sa barbe est épaisse et noire. (*Fig.* 73.)

Les surnoms de ce héros varient autant

que les différens pays où il avait porté ses pas et laissé des trophées.

HISTOIRE DES SUCCESSEURS D'HERCULE.

Ce héros est si célèbre, qu'il nous paraît indispensable de donner une histoire abrégée de ses successeurs.

Céyx eut soin de l'éducation des enfans d'Hercule. Eurysthée craignit de les voir bientôt en état de faire valoir leurs droits à la couronne; il menaça le roi de Trachine de lui faire la guerre, s'il ne les exilait de sa cour, ainsi qu'Iolas et les troupes qui s'étaient attachées au sort d'Hercule et de ses enfans. Céyx, épouvanté, les pria de se retirer. Épalius, roi des Doriens, les reçut favorablement; il adopta même Hillus, fils d'Hercule et de Déjanire. Il témoigna de cette manière sa reconnaissance pour ce héros, qui l'avait rétabli dans ses états.

Quelque temps après, les héritiers d'Hercule furent encore forcés de quitter cette cour; Thésée, parent et ami d'Hercule, leur assura un asile dans l'Attique. Eurysthée voulant encore les y poursuivre, les Athéniens rassemblèrent toutes leurs forces, et lui livrèrent combat sous la conduite de Thésée et d'Hillus; ce dernier tua lui-même Eurysthée, et toute la famille de ce roi périt dans cette bataille. Telle fut la manière dont finit cette branche des successeurs de Persée.

La couronne de Mycène passa dans la famille de Pélops. Atrée, fils de ce prince, était gouverneur de Mycène; il se fit déclarer roi après la mort d'Eurysthée.

Les Héraclides allèrent s'établir dans le Péloponèse, dont ils s'étaient rendus les maîtres; mais la peste ayant désolé leur armée, l'oracle leur dit qu'elle ne cesserait qu'au moment où ils quitteraient ce pays; ce même oracle leur ordonna de n'y rentrer qu'après le troisième fruit. Ils s'éloignèrent en effet, mais ils crurent avoir obéi à l'oracle en revenant trois ans après. Atrée leur livra bataille, et Thomœus, l'un des chefs héraclides, fut tué.

Hillus, s'apercevant que la guerre traînait en longueur, proposa de combattre celui qui voudrait se présenter contre lui, à la condition que, s'il demeurait vainqueur, Atrée céderait la couronne de Mycène aux Héraclides; et que, s'il était vaincu, ses descendans ne pourraient entrer dans le Péloponèse qu'après un siècle. Échémus, roi d'Arcadie, accepta le défi, tua Hillus, et força les Héraclides à sortir du Péloponèse, suivant leur propre traité.

Clodée, fils d'Hillus, tenta vainement d'y rentrer quelque temps après. Aristomaque, l'un de ses fils, y perdit la vie. Ses trois autres fils, Témènes, Cresfonte et Aristodème, équipèrent une flotte à Neupacte. Arnus, fameux devin de ce temps-là, voulut se rendre auprès d'eux; il fut pris pour un espion et mis à mort. La peste recommença, et pour la faire cesser, on établit des jeux en son honneur. Les Héraclides mirent à la voile, et parvinrent enfin à s'emparer d'Argos, de Lacédémone et de Mycène; ils augmentèrent bientôt leurs conquêtes, et tout le Péloponèse fut soumis aux descendans d'Hercule.

Ce retour des Héraclides arriva environ quatre cent quatre-vingts ans après la prise de Troie; il fait une des principales époques de l'histoire de la Grèce; elle est même regardée comme la plus exacte de toutes : ce motif nous a fait croire qu'il était utile de la rappeler.

VOYAGE DES ARGONAUTES ; HISTOIRE DE JASON ET DE MÉDÉE.

L'histoire de la Grèce n'a pas d'événement plus célèbre et plus rempli de fictions que la conquête de la Toison d'Or. Il y a peu d'auteurs qui n'en parlent ; et, quoique beaucoup de leurs ouvrages aient été perdus, il reste encore trois poëmes sur cette expédition : celui d'Onomacrite, composé environ cinq cent cinquante ans avant l'ère chrétienne ; celui d'Apollonius de Rhodes, qui vivait du temps des Ptolémées ; et celui de Valérius Flaccus, qui l'écrivit sous Vespasien.

Pour avoir une idée juste de ce voyage, il faut le regarder comme une expédition militaire, entreprise par les plus illustres guerriers de la Grèce, pour recouvrer les trésors que Phryxus avait emportés dans la Colchide, et en même temps pour établir le commerce maritime, et former de nouveaux établissemens ou de nouvelles colonies dans les pays que l'on découvrirait. Pour réussir, il fallait plusieurs vaisseaux et beaucoup de monde. Les compagnons de Castor et Pollux fondèrent la colonie des Tyndarides et celle des Hénochiens. Le vaisseau l'Argo a seul de la célébrité ; mais il paraît qu'il servait de vaisseau amiral à la flotte, et qu'il portait tous les chefs de l'expédition.

Toute la Grèce ayant pris part à cet événement, et les fables en parlant sans cesse, nous allons donner les détails les plus essentiels sur son origine.

Athamas, fils d'Éolus, et arrière-petit-fils de Deucalion, était roi de Thèbes. Il épousa d'abord Ino, fille de Cadmus, qu'il répudia quelque temps après pour épouser Néphélé, dont il eut Phryxus et Hellé. Néphélé ayant eu quelques accès de folie, Athamas se réconcilia avec Ino, qui haïssait mortellement les enfans de sa rivale, héritiers du royaume par leur droit d'aînesse. Ino reprit assez d'empire pour persuader à l'inconstant et faible Athamas que Néphélé avait empoisonné les grains de la terre, et qu'elle causait la famine qui désolait la ville de Thèbes. Elle fit appuyer sa calomnie par des prêtres; ils déclarèrent, au nom de l'oracle, que le fléau ne cesserait qu'en immolant les deux enfans de Néphélé. Phryxus, averti par un des prêtres de l'oracle, du funeste projet d'Ino, fit équiper secrètement un vaisseau. Il trouva moyen d'enlever une partie des trésors de son père; il se fit accompagner par sa sœur Hellé, et s'embarqua pour aller chercher un asile chez son parent Éétès, roi de la Colchide. Pendant le voyage, la jeune Hellé tomba du vaisseau dans la mer, et périt dans les flots. La partie de la mer où elle se noya fut depuis ce temps appelée l'*Hellespont*.

Telle est l'histoire dont les poëtes ont tiré la fable du belier à la toison d'or. Ils racontèrent que Phryxus et Hellé montèrent sur ce belier pour fuir leur criminelle marâtre, et qu'Hellé, effrayée par les flots de la mer, se laissa tomber et périt. Le vaisseau fut désigné par un belier, parce que la figure de cet animal ornait la proue; on voulut même lui composer une généalogie. L'histoire poursuit son récit, et dit que Phryxus arriva heureusement chez Éétès, où il fit inhumer le corps de sa sœur; et il consacra la proue de son vaisseau à *Jupiter Phryxus*, ou *le Conservateur*.

Chalciope, fille d'Éétès, épousa Phryxus. Les premières années de leur mariage furent heureuses : ils eurent quatre enfans ; mais Éétès, envieux des richesses de son gendre, le fit mourir ; et Chalciope, pour dérober ses enfans à la barbare et criminelle avarice de son père, les fit embarquer secrètement et les envoya dans la Grèce. Elle avait appris la mort d'Ino; elle espéra qu'Athamas se ressouviendrait de son fils, et recevrait bien ses petits-enfans. Un naufrage les jeta dans une île, où ils demeurèrent jusqu'à l'arrivée de Jason. Ce héros se chargea de les ramener à leur mère, et Chalciope, par reconnaissance, favorisa la passion que Jason conçut pour Médée sa sœur.

Dans le même temps, Pélias, parent d'Athamas, gouvernait une partie de la Thessalie; il avait usurpé la couronne sur Éson, à qui elle appartenait légitimement, et une longue tyrannie l'avait rendu l'horreur de son peuple. Ayant appris qu'Alcimède, femme d'Éson, venait d'avoir un fils, il chercha tous les moyens de le faire périr, parce que l'oracle avait prédit qu'il serait détrôné par un prince de la race des Éolides. Éson et Alcimède, prévenus contre les mauvais desseins de Pélias, firent courir le bruit que le jeune Diomède (c'était le premier nom de Jason) était dangereusement malade; ensuite ils publièrent sa mort, on fit même la cérémonie de ses funérailles. Alcimède porta son fils sur le mont Pélion, et le remit entre les mains de *Chiron*, l'homme le plus sage et le plus instruit de son temps. Ce fut sous cet habile maître que Jason apprit tout ce qu'il devait savoir pour s'illustrer.

Ce jeune prince, parvenu à l'âge de vingt ans, alla consulter l'oracle. Il en reçut l'ordre de se vêtir à la manière des Magnésiens, d'y joindre une peau de léopard semblable à celle que portait Chiron, de se munir de deux lances, et d'aller dans cet état à la cour d'Iolchos.

Jason remplit fidèlement l'oracle; mais, pour aller du mont Pélion à cette ville, il fallait traverser le fleuve Anaure qui était débordé. Junon, dit la fable, déguisée en vieille femme, lui offrit de le porter à l'autre bord. Dans le trajet, le jeune prince perdit un de ses souliers; l'oracle avait averti Pélias de craindre celui qui paraîtrait devant lui avec un pied nu et l'autre chaussé. Jason cependant arrive dans la place d'Iolchos. Sa beauté, sa jeunesse et son habillement singulier attirèrent l'attention générale. Pélias voulut recevoir lui-même cet étranger, et, voyant son pied déchaussé, il ne douta point qu'il ne fût l'homme dont l'oracle l'avait menacé. Il prit le parti de dissimuler, et pria l'étranger de lui dire son nom. Jason répondit avec une noble assurance qu'il était le fils d'Éson. Il raconta comment il avait été élevé dans l'antre du centaure Chiron; s'adressant ensuite aux principaux de l'assemblée, il s'informa de la demeure de son père, se fit conduire auprès de lui, et fut reconnu, sans que le tyran, qui avait remarqué tout l'intérêt qu'inspirait déjà le jeune prince, osât rien entreprendre contre lui.

Phérès, roi d'une partie de la Thessalie, sachant l'arrivée de son neveu, vint à Iolchos, accompagné de son fils Admète ; il envoya chercher ses deux autres fils, Nélée et Amithaon, qui s'étaient établis dans la Messénie. Lorsque ces princes furent rassemblés, ils célébrèrent des fêtes pendant cinq jours. Pendant le sixième, Jason prit, avec son père et ses oncles, des mesures pour détrôner l'usurpateur. Accompagné de sa famille, il vint au palais du roi, demanda la couronne qui lui appartenait légitimement, et dit à Pélias qu'il lui abandonnait tous les trésors, et n'avait d'autre ambition que celle de la gloire.

Pélias, haï de son peuple, étonné d'un discours si hardi, n'osa refuser Jason, dont la bonne mine et le courage séduisaient tous ceux qui le voyaient. S'apercevant aussi combien ce jeune prince était avide de grandes actions, il lui dit que le malheureux Phryxus, leur parent, et descendant comme eux d'Éolus, avait été massacré dans la Colchide ; qu'il lui était apparu en songe, lui avait demandé de le venger et de sauver ses enfans, exposés sans cesse à la cruauté d'un tyran avide et barbare. Sa vieillesse, ajouta-t-il, ne lui permettait pas de faire ce voyage ; mais il le priait de satisfaire aux mânes de Phryxus, et lui promit de lui remettre la couronne à son retour. Il raconta ensuite que Phryxus, en fuyant Thèbes, avait emporté une toison précieuse ; qu'il se couvrirait de gloire et serait comblé de richesses s'il en faisait la conquête. Il ne lui dissimula pas la grandeur des dangers qu'il aurait à courir. Le rusé vieillard savait très-bien que de pareils avis ne feraient qu'exciter l'héroïsme de Jason. Ce jeune prince, en effet, accepta sur-le-champ la proposition ; et, pour donner plus d'éclat à cette expédition, il fit inviter tous les princes grecs à se réunir à lui.

Pendant que l'on se rassemblait autour de Jason, dans la Thessalie, on fit construire un vaisseau propre à un voyage d'aussi long cours, et ce fut le célèbre navire Argo, sur lequel on a conté tant de merveilles.

On varie beaucoup sur l'origine de son nom. Les uns disent qu'Argus en fit le dessin, et lui donna son nom. D'autres l'attribuent au mot grec *argos*, vite, léger. Quelques-uns croient qu'il fut construit à Argos ; d'autres enfin le font venir du mot *argivos*, parce qui portait les Grecs.

On varie de même sur les qualités des bois qu'on employa pour le construire ; mais il suffit de remarquer que le mât du vaisseau était un arbre de la forêt de Dodone, ce qui donna lieu à la fable qu'il rendait des oracles.

La forme de ce vaisseau était longue comme celle des galères de guerre : les vaisseaux marchands avaient ordinairement une forme ronde.

On porte à cinquante-deux le nombre de ceux qui s'embarquèrent pour cette expédition. On voulut d'abord déférer l'honneur du commandement à Hercule ; mais il désigna lui-même Jason pour chef, comme étant la cause première de l'entreprise. Typhis, habile marin, qui passait en conséquence pour fils de Neptune, fut choisi pour pilote ; Lyncée, dont les yeux étaient très-perçans, découvrait les écueils ; et Orphée, par son chant et les accords de sa lyre, charmait les ennuis de la navigation.

Nous ne donnerons pas l'histoire particulière de tous les Argonautes ; nous observerons seulement que tout ce que la Grèce possédait alors de plus distingué par la naissance et la valeur, voulut assister à cette expédition.

L'art de la navigation était alors si peu connu, que l'on s'écartait rarement de la vue des côtes. On consulta le célèbre centaure Chiron sur la marche à tenir ; on le pria de faire un nouveau calendrier et de réformer l'ancien ; il l'apporta dans le moment où l'on venait d'achever les sacrifices. Il donna ses conseils, et ses vœux accompagnèrent les adieux qu'il fit à son élève Jason, qu'il chérissait beaucoup. L'histoire assure que Chiron était alors chargé de l'éducation d'Achille, preuve certaine que l'expédition des Argonautes eut lieu peu de temps avant la guerre de Troie, dont Achille fut le héros le plus illustre.

La navigation des Argonautes fut d'abord heureuse. Bientôt une tempête les força de relâcher dans l'île de Lemnos. Les femmes de cette île, dit la fable, ayant manqué de respect à Vénus, cette déesse les en punit en inspirant à leurs maris de les abandonner pour des esclaves de Thrace. Les Lemniennes, outrées de ce mépris, profitèrent d'une absence du plus grand nombre de leurs époux pour égorger les hommes qui restaient. La seule Hypsipyle sauva la vie à son père Thoas, roi de l'île. Cet événement est rapporté par tous les auteurs anciens. Les Argonautes arrivèrent dans ces circonstances. Les Lemniennes, croyant que c'étaient leurs maris, se préparèrent à les combattre; mais ayant connu que c'étaient les Argonautes, elles les reçurent favorablement.

De Lemnos on fit voile pour la Samothrace, afin d'accomplir un vœu d'Orphée, formé pendant la tempête. Ils allèrent d'abord au pays des Tyrrhéniens, qui leur livrèrent un combat sanglant, où tous les héros furent blessés, à l'exception de Glaucus, qui disparut et donna lieu à la fable que nous avons déjà citée, et qui le place au nombre des dieux de la mer. De là les Argonautes entrèrent dans l'Hellespont, tournèrent du côté de l'Asie, et abordèrent au-dessus de la Troade. Ce fut là qu'Hercule, Hylas et Télamon les abandonnèrent. On ne regretta point Hercule, parce qu'il consommait à lui seul une grande partie des vivres.

Les Argonautes abordèrent à Cysique, ville située au pied du mont Dindyme, et dont Cysicus était roi. Ils y trouvèrent des géans à six bras et à six jambes (c'est-à-dire des vaisseaux et des galères). Le roi les reçut favorablement, et leur donna des vivres. Ils partirent de Cysique; mais un vent contraire les ayant forcés de rentrer pendant la nuit, Cysicus, qui les croyait déjà fort éloignés, les prit pour les Pélasges, ses ennemis naturels; il voulut les combattre, et fut tué par Jason lui-même.

Ce prince, pour expier son crime involontaire, fit de magnifiques funérailles à Cysicus; ensuite il offrit un sacrifice solennel à la mère des dieux, et lui fit bâtir un temple sur le mont Dindyme. Clité, femme de Cysicus, ne put survivre à la mort de son époux,

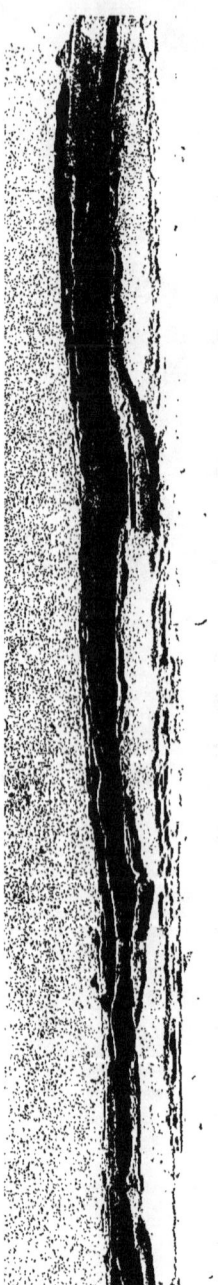

elle mourut de douleur et de regret très-peu de temps après lui.

De Cysique les Argonautes allèrent dans la Bébricie, premier nom de la Bithynie. Amicus y régnait. Ce prince excellait au combat du ceste. Il fit un défi que Pollux accepta; mais, Amicus ayant tendu des embûches, Pollux et ses compagnons tuèrent ce roi perfide. En sortant de ses états, un coup de vent les jeta sur les côtes de Thrace, où régnait Phinée, prince vieux et aveugle, que les Harpies tourmentaient sans cesse. Ici la fable se mêle continuellement avec l'histoire; mais il sera facile de ne pas les confondre ensemble.

Phinée avait eu deux fils d'une première femme. Idéa, fille de Dardanus, sa seconde femme, peignit ces deux enfans sous les couleurs les plus noires; elle parvint à persuader au faible et crédule Phinée qu'il pourrait se garantir des dangers dont ses enfans le menaçaient, en leur faisant crever les yeux. Cette exécution barbare eut lieu. Borée, leur oncle, accourut de la Thrace, où il régnait, pour venger ses neveux; il vainquit Phinée, et lui fit aussi crever les yeux.

Les Argonautes arrivèrent depuis cette punition; Phinée les reçut favorablement, et leur donna même un pilote pour les conduire à travers les roches Cyanées et Symplégades, qui étaient très-dangereuses. Ce bon service excita la reconnaissance des Argonautes : ils déterminèrent Calaïs et Zéthès, fils de Borée, qui avaient des ailes (c'est-à-dire des vaisseaux à voiles), à poursuivre les Harpies (c'est-à-dire les corsaires qui désolaient le pays). Ils les chassèrent effectivement jusqu'aux îles Strophades, où il les perdirent de vue.

Ce fut alors que Phinée, reconnaissant, leur donna des pilotes pour les conduire au travers des Cyanées, que l'on nommait Symplégades, parce que les rochers semblaient s'entrechoquer. Les Argonautes, effrayés à la vue de ce détroit, lâchèrent une colombe qui le traversa heureusement et leur servit de guide. Cette colombe, dont parle la fable, était le bâtiment léger que Phinée avait donné pour indiquer la route qu'il fallait suivre.

Cet essai des Argonautes fit connaître ce nouveau passage, et les Grecs s'en servirent depuis pour établir leur commerce le long des côtes du Pont-Euxin.

Au sortir de ce passage, les voyageurs tournèrent du côté de l'Asie, et abordèrent au pays des Mariandyniens, où Lycus, leur roi, les reçut très-bien. Ce fut là que mourut le pilote Typhis; il fut remplacé par Ancée. Une tempête les força d'aborder à l'île d'Arécie, où ils trouvèrent les enfans de Phryxus, qu'Éétès, leur aïeul, envoyait recueillir la succession de leur père. Les Argonautes les emmenèrent avec eux dans la Colchide; mais, en quittant cette île, ils eurent à soutenir un rude combat contre ses habitans. La fable peignit ce combat en disant qu'ils y trouvèrent des oiseaux qui leur lançaient des plumes meurtrières. C'est ainsi qu'elle désigna les flèches qu'on leur décocha pendant le combat. Les Argonautes arrivèrent enfin jusqu'au port de la ville d'Æa, capitale de la Colchide, théâtre de leurs grandes aventures.

ARRIVÉE DES ARGONAUTES DANS LA COLCHIDE.

Éétès, averti de l'arrivée de Jason et des motifs de son voyage, ne songea qu'au moyen de le faire périr, ou du moins de l'engager à renoncer au dessein de lui redemander les trésors de Phryxus. Il lui prescrivit des conditions qui paraissaient impossibles à remplir. Avant de rapporter ces conditions et toute cette fabuleuse relation, il est nécessaire d'observer qu'elle était écrite en langue phénicienne. Cette langue, apportée dans la Grèce par Cadmus, avait infiniment de mots équivoques, et dont le sens n'était plus connu. Il n'est donc point surprenant que l'imagination des poëtes ait mêlé tant de fables et de merveilleux aux vérités de l'histoire.

Cette conquête célèbre donna lieu à plusieurs poëmes et à plusieurs tragédies dans lesquels les événemens furent altérés. On trouve même avec regret la preuve que le fameux tragique Euripide se laissa gagner par l'argent des Corinthiens, pour flétrir la mémoire de Médée. Nous donnerons ces détails à l'histoire de cette princesse, et nous allons poursuivre les récits mêlés de fables qu'il est indispensable de connaître.

Apollonius de Rhodes et Onomacrite racontent que Junon et Minerve, chérissant également Jason, convinrent ensemble qu'il fallait inspirer à Médée une grande passion pour ce héros, parce qu'elle connaissait l'art des enchantemens, et pourrait le garantir de tous les périls. Médée, déjà prévenue par sa sœur Chalciope en faveur de Jason, le rencontra dans le temple d'Hécate, où un et l'autre allaient implorer le secours de la déesse. Jason, charmé à la vue de Médée, lui demanda son secours; elle le promit, à condition qu'il lui donnerait sa foi. Après des sermens mutuels, ils se séparèrent, et Médée chercha tous les moyens de sauver son époux.

Pour conquérir la Toison d'Or, il fallait d'abord mettre sous le joug deux taureaux, présent de Vulcain, qui avaient des pieds et des cornes d'airain : ils vomissaient des torrens de flammes. Après les avoir soumis, on devait les attacher à une charrue de diamant, et les employer à défricher quatre arpens d'un champ consacré au dieu Mars, et qui n'avait jamais été labouré. Après ce travail, il était ordonné de semer dans cette terre des dents de dragon ; elles devaient sur-le-champ produire des hommes armés, et Jason était forcé de les exterminer sans qu'il en restât un seul. Après ces obstacles, il fallait encore combattre et détruire le dragon qui veillait à la conservation de la Toison-d'Or. Ces travaux prodigieux devaient tous être exécutés pendant la durée d'un seul jour.

Jason, fort de son courage et certain des secours de Médée, accepta toutes les conditions; le champ de Mars fut ouvert. Le roi de Colchos se rangea d'un côté, et les Argonautes de l'autre. Les deux taureaux s'élancèrent dans l'arène; Jason leur présenta les gâteaux composés par Médée, avec du miel et de la farine. Aussitôt leur fureur s'apaisa;

ils présentèrent d'eux-mêmes leurs têtes pour recevoir le joug. Le champ fut labouré, les dents de dragon furent semées, les hommes armés parurent; Jason jeta une pierre au milieu d'eux, et, dans cet instant, leur fureur devint si grande qu'ils s'entre-tuèrent. Jason marcha ensuite vers le dragon qui veillait à la garde de la Toison-d'Or. Il l'assoupit en lui présentant un breuvage préparé par Médée, et la fameuse Toison-d'Or devint sa conquête. (*Fig.* 74.)

Le jour même de ses victoires, Jason ne songea qu'à fuir Éétès, dont il craignait la perfidie. Il retourna dans son vaisseau; Médée le rejoignit, et l'on mit à la voile pour fuir les côtes de la Colchide.

Ce récit paraît n'être qu'un jeu de l'imagination; mais le célèbre Bochard, qui connaissait parfaitement le génie des langues orientales et leurs véritables significations, trouve dans les mots phéniciens l'explication de ces fables. Après avoir fait les rapprochemens de ces mots, il parvient à prouver que les Argonautes livrèrent un combat sanglant dont ils sortirent victorieux.

On variait beaucoup sur l'idée qu'il fallait attacher à la Toison-d'Or. Quelques auteurs croient que, dans la Colchide, plusieurs ruisseaux roulaient des paillettes d'or avec leurs sables. On tendait au fond de ces eaux des peaux de moutons garnies de leurs laines, elles arrêtaient les paillettes, et Éétès s'était servi de ce moyen pour augmenter ses richesses. Les alchimistes et les faiseurs d'or prétendaent que cette toison était un livre dans lequel était écrit le secret nécessaire pour convertir tous les métaux en or ; mais cette dernière idée ne mérite aucune croyance.

RETOUR DES ARGONAUTES.

Jason, ayant heureusement terminé son entreprise, ne songea plus qu'à s'éloigner ; il profita de l'obscurité de la nuit pour mettre à la voile. Médée l'accompagnait, et il emportait avec lui les richesses d'Éétès. Ce roi fit promptement équiper quelques vaisseaux, dont il confia le commandement à son fils Absyrthe. Onomacrite rapporte, dans son poëme, que Jason et Médée, se voyant trop vivement poursuivis, attirèrent Absyrthe, sous le prétexte d'un accommodement. Ce jeune prince descendit à terre ; Jason et Médée le firent massacrer, et firent disperser ses membres, afin d'arrêter ses soldats par le soin de les réunir et de leur donner la sépulture.

Ce trait, tiré du poëme d'Onomacrite, est entièrement démenti par l'histoire. Elle s'attache même à citer les différens pays que parcourut Absyrthe pour atteindre le navire Argo. Les anciens poëtes ont rapporté le retour de Jason de plusieurs manières différentes; mais les Argonautes ayant laissé dans tous les lieux où ils se sont arrêtés des monumens de leur passage, les historiens n'ont pu révoquer en doute la réalité de ce retour; et nous allons parcourir ce qu'ils rapportent à ce sujet. On verra que leurs récits sont souvent entremêlés de fables.

Les Argonautes parcoururent les côtes orientales de l'Asie, traversèrent le Bosphore Cymmérien et les Palus Méotides, d'où ils entrèrent dans l'océan septentrional. Ils voguèrent ensuite vers la gauche, et parvinrent à l'île Peuceste, qui était connue du pilote Ancée. De là ils allèrent à l'île de Circé. Onomacrite dit que Jason y rencontra cette princesse, et qu'elle refusa de l'expier du meurtre d'Absyrthe. Les historiens disent qu'ils poursuivirent leur route, et arrivèrent jusqu'au pied des colonnes d'Hercule. Là ils rentrèrent dans la Méditerranée, et passèrent près de la Sicile, auprès du détroit de Charibde et Scylla, où ils auraient péri sans le secours de Téthys. Les Sirènes pensèrent leur être fatales, mais Orphée les sauva de ce péril; ils arrivèrent au pays des Phéaciens, et ce fut là qu'ils rencontrèrent la flotte d'Absyrthe. Les chefs de cette flotte redemandèrent Médée. On convint de part et d'autre que Jason la rendrait, si elle n'était pas son épouse. La femme d'Alcinoüs ayant été choisie pour arbitre, voulut favoriser Jason ; elle fit célébrer son mariage avec Médée pendant la nuit, et déclara le lendemain à la flotte d'Éétès que personne n'avait un droit légitime sur Médée, femme de Jason. Les Argonautes eurent alors la liberté de partir. Ils quittèrent le pays des Phéaciens, et furent assaillis par une tempête qui les jeta sur les sirtes d'Afrique, où ils coururent de très-grands dangers. Enfin ils arrivèrent au cap Malée, où Jason se fit expier, d'après le conseil de Circé. Tous les objets de leur voyage étant terminés, ils arrivèrent sur les mêmes côtes de Thessalie d'où ils étaient partis.

Pélias, dit Pausanias, était mort pendant leur absence ; son fils Acaste engagea ses compagnons de voyage *à célébrer, avant leur séparation, des jeux funèbres en l'honneur de son père; Jason et Médée y assistèrent.* Ce fait, cité par Pausanias, et prouvé par plusieurs monumens dont il s'autorise, démontre que Médée ne fut point le criminel auteur de la mort de Pélias; le même auteur rapporte, au contraire, que son frère Éson le fit mourir en le forçant à boire du sang de taureau.

Les Argonautes, avant de se séparer, firent une ligue contre tous ceux qui voudraient les attaquer; et, pour la rendre plus solennelle, Hercule les assembla dans les plaines de l'Élide pour y célébrer les jeux olympiques, interrompus depuis long-temps, et qui le furent encore après lui. Jason consacra le navire Argo dans l'isthme de Corinthe, et les fables des poëtes finirent par le placer dans le ciel. Ce voyage célèbre eut lieu environ trente années avant la guerre de Troie.

Les anciens historiens assurent que la mort d'Absyrthe eut lieu dans le combat naval qui se donna sur le Pont-Euxin, lorsque la flotte d'Éétès eut rejoint les Argonautes. Hérodote assure que ce prince et son fils y périrent; ce qui laissa aux Argonautes la possibilité de continuer leur route. Lorsqu'ils furent jetés par la tempête sur les côtes de la Libye, un prince du pays, nommé Eurypile, leur donna de grands secours et des guides pour sortir du passage difficile des sirtes.

La fable peignit ce prince bienfaisant sous la forme d'un triton. Jason, pour reconnaître ses services, lui fit présent d'un trépied d'or, auquel on croyait la vertu de rendre des oracles.

SUITES DES AVENTURES DE JASON ET DE MÉDÉE.

L'histoire de Jason, depuis son retour de la Colchide, et celle de Médée, sont rapportées si diversement, qu'il est bien difficile de distinguer la vérité.

Quelques historiens, les poëtes surtout, peignirent Médée comme la meurtrière de son frère. Ils disent qu'elle fit égorger Pélias par ses propres filles, en leur donnant l'horrible conseil de le couper en morceaux et de mettre ses membres dans une chaudière d'eau bouillante. Les herbes qu'elle leur avait indiquées avaient, disait-elle, la propriété de rajeunir. Ces mêmes poëtes racontent qu'elle fit périr misérablement Glaucé, sa rivale, fille de Créon, et que sa jalousie furieuse lui fit immoler elle-même les deux enfans qu'elle avait eus de Jason.

D'autres auteurs lui donnent des éloges, assurent qu'elle aimait la vertu, et lui reprochent seulement d'avoir trop écouté son amour pour Jason, qui l'abandonna lâchement, malgré les deux gages qu'il avait eus de sa tendresse. Ils se plaisent même à la peindre employant tous les secrets qu'elle avait appris de sa mère Hécate, à soulager et guérir ceux qui venaient la consulter. Enfin, ils rapportent que cette reine malheureuse et persécutée, après avoir eu vainement recours aux garans des promesses et des sermens de son époux, fut obligée d'errer de cour en cour pour obtenir un asile.

En lisant ceux des poëtes qui l'ont chargée de tous les crimes, on s'aperçoit qu'ils n'ont pu s'empêcher d'avouer qu'elle était née vertueuse, qu'elle n'avait été entraînée au vice que par une espèce de fatalité, ou par le courroux des dieux; par celui de Vénus surtout, qui persécuta sans cesse la race du Soleil, pour avoir découvert ses liaisons avec Mars. Ces détails poétiques rapprochés avec l'histoire, font apercevoir que les anciens tragiques, pour donner plus de pathétique à leurs pièces, ont entièrement défiguré l'histoire de cette princesse, afin de mieux inspirer la terreur ou la pitié. Quelques historiens s'appuyant sur des relations infidèles, ont fait passer jusqu'à nous l'histoire de Médée sous les couleurs les plus odieuses, et les tragiques modernes les ont imités. Nous allons citer quelques-unes des preuves qui portent à croire que Médée n'a pas été aussi coupable qu'on l'a peinte.

Nous avons déjà fait observer qu'Absyrthe avait péri dans un combat naval long-temps après l'instant où quelques poëtes le disent assassiné par Jason et Médée. On ne peut donc accuser Médée de ce crime.

Pélias, coupé en morceaux par ses filles, d'après les conseils de Médée, est un fait entièrement dénué de vérité. Ce prince fut mis à mort par Éson qui lui fit avaler du sang de taureau : il n'existait plus lors du retour des Argonautes. Nous avons déjà vu que ces héros, d'après la prière d'Acaste, célébrèrent ses funérailles avec la plus grande pompe. Jason et Médée s'y trouvèrent sans aucune surprise ni réclamation de la part de ce prince, fils de Pélias.

L'histoire apprend l'origine de cette fable. Elle rapporte qu'après la mort de Pélias et d'Éson, Acaste et Jason se disputèrent la couronne ; le parti d'Acaste fut le plus fort ; Jason et Médée furent obligés de s'éloigner ; ils s'embarquèrent sur un vaisseau nommé le Dragon, et vinrent à Corinthe, où Créon, qui y régnait, n'osa leur refuser un asile, parce que Médée avait des droits à cette couronne. Ces droits paraissaient d'autant plus réels, qu'Eumélus, historien très-grave, et originaire de Corinthe, assure que Médée partagea ce trône avec Créon. Diodore de Sicile dit que les Corinthiens eux-mêmes engagèrent Médée à quitter Iolchos pour venir prendre possession d'un trône qui lui appartenait. Il ajoute que Jason et Médée vécurent pendant dix années dans cette ville de la manière la plus unie, et qu'ils y eurent deux enfans; ce fut alors que Jason, s'abandonnant à son infidélité, perdit le souvenir de tout ce qu'il devait à Médée. Il viola les lois sacrées du mariage, très-respectées alors, il épousa Glaucé, fille de Créon, et répudia Médée.

Telle est l'histoire que les poëtes défigurèrent dans leurs fables, leurs poëmes et leurs tragédies. Médée, selon eux, donne à sa rivale une robe empoisonnée, semblable à la tunique de Nessus, qui fait mourir Glaucé dans les douleurs les plus cruelles. Elle embrase le palais de Créon; il périt au milieu des flammes; et, ne se croyant pas encore assez vengée, elle déchire de ses propres mains ses deux fils, Phérès et Mémercus. Épouvantée de tant de crimes, et redoutant les fureurs de Jason, elle a recours à sa science magique : un char traîné par des dragons l'enlève au milieu des airs, et la transporte auprès d'Hercule, dont elle implore la vengeance; le héros la repousse avec indignation; et, devenue l'horreur et l'effroi du monde, elle vint chercher un asile dans Athènes.

Rien, dans l'histoire, ne constate l'horrible événement si connu sous le nom des *Adieux de Médée*. Une tradition constante assurait que, soit pour venger la mort de Créon, dont Médée était soupçonnée, soit pour éviter la guerre que pouvaient exciter les droits à la couronne qu'avaient les enfans de cette princesse, les Corinthiens massacrèrent eux-mêmes les deux jeunes princes. Ils s'étaient vainement réfugiés dans le temple de Junon ; le peuple les arracha de cet asile sacré, et les mit en pièces. Peu de temps après il survint une peste ; les Corinthiens allèrent consulter l'oracle, qui leur répondit que leurs maux ne finiraient qu'après qu'il auraient expié leur horrible sacrilége. Ce fut à cette occasion qu'ils instituèrent une fête qui subsista très-long-temps après. Pausanias rapporte qu'ils offrirent des sacrifices en l'honneur des enfans de Médée, et leur consacrèrent une statue représentant la Peur. Elle subsistait encore de son temps. En mémoire de ce crime, et pour l'expier, les Corinthiens faisaient porter le deuil à leurs enfans, et leur coupaient les cheveux jusqu'à un certain âge. Ces fêtes, cette statue, ces sacrifices, ces coutumes, sont des monumens beaucoup plus croyables que les fictions des poëtes.

Le brillant génie d'Euripide n'a pu détruire les monumens et les écrits de son temps, et l'on trouve dans plusieurs auteurs anciens, que les Corinthiens ayant appris qu'Euripide avait choisi Médée pour en faire le sujet d'une de ses tragédies, lui offrirent et lui firent accepter cinq talens, à condition que le poëte emploierait tout son art à les justifier d'un crime qui rendait la mémoire de leurs pères odieuse et méprisable à toute la Grèce.

Long-temps après, une nouvelle fable vint encore flétrir la mémoire de Médée. On la trouve dans Ovide. Médée dit-il, après avoir massacré les enfans de Jason, vint se réfugier à Athènes, et prit assez d'empire sur Égée pour le décider à l'épouser. Dans ces entrefaites, continue-t-il, Thésée se présenta pour la première fois devant Égée. Il apportait avec lui l'épée qui devait le faire reconnaître pour le fils d'Éthra et d'Égée.

Médée, pour qui rien n'était caché, essaya de persuader au roi d'Athènes qu'il devait empoisonner ce jeune prince dans un festin. La coupe fatale fut préparée; mais le héros s'étant fait reconnaître, comme nous l'avons déjà dit, Médée, honteuse de n'avoir pu consommer ce nouveau crime, s'envola sur le même char dont elle s'était servie pour fuir la colère de Jason.

Cette fiction tombe d'elle-même, quand on se rappelle qu'Égée se précipita dans la mer qui porte son nom, lorsqu'il vit revenir, couvert de deuil le vaisseau qui avait conduit Thésée à l'île de Crète, pour l'expédition contre le Minotaure. Cet événement, qui s'était passé pendant la première jeunesse de Thésée, était fort antérieur à celui où Jason abandonna Médée pour la fille de Créon, et la força de se réfugier à Athènes. Thésée, d'ailleurs, était le compagnon des Argonautes. Il est étonnant qu'une aussi forte contradiction n'ait point suffi pour arrêter l'imagination des poëtes.

On n'entend plus parler de Médée depuis son arrivée dans Athènes. Quelques auteurs, en petit nombre, disent cependant, mais sans aucune preuve, qu'elle traversa la mer et alla se réconcilier avec Jason; qu'ils retournèrent dans la Colchide, où ils rétablirent Éétès sur le trône dont il avait été renversé par une faction : ils ajoutent que Jason s'acquit une grande gloire par ses conquêtes dans la basse Asie; qu'on l'y honora comme un dieu, et qu'après sa mort, Médus, son fils, bâtit la ville de Médée en l'honneur de sa mère, et transmit son nom aux Mèdes. Mais toutes les traditions de la Grèce s'accordent pour dire que Jason mourut dans la Thessalie. Elles assurent que pendant le reste de sa vie il fut toujours errant, et que se reposant un jour sur le bord de la mer, à l'abri du navire Argo, une poutre s'en détacha et le fit périr. Ce dernier récit paraît le plus croyable.

HISTOIRE DE CASTOR ET POLLUX.

Castor et Pollux se signalèrent par tant de belles actions, qu'ils méritèrent de passer pour les fils de Jupiter. Ils eurent pour sœurs Hélène et Clytemnestre.

La fable dit que Jupiter s'étant métamorphosé en cygne, Vénus prit la forme d'un aigle et se mit à sa poursuite; il vint se réfugier auprès de Léda, et quelque temps après on publia que Pollux et Hélène, Castor et Clytemnestre, étaient nés de deux œufs. Pollux et Hélène furent regardés comme appartenant à Jupiter; Castor et Clytemnestre passèrent pour être les enfans de Tyndare.

Pour expliquer cette fable, il faut observer que, dans ce temps, on trouvait dans les palais des chambres qui avaient la forme d'un œuf. La forme de ces appartemens a peut-être suffi pour donner lieu à la fable que nous venons de citer.

Ces princes et princesses naquirent dans la Laconie, près de Sparte, sur les bords du fleuve Eurotas. On rencontrait toujours une grande quantité de cygnes sur ce fleuve, et les poëtes eurent l'idée de faire entrer un cygne dans leur fable. La beauté de Léda, la blancheur et la belle forme de son cou, la firent comparer à un cygne; et ces diverses circonstances embellies par les poëtes, produisirent la fable de Jupiter et de Léda.

Quoi qu'il en soit, l'héroïsme de Castor et de Pollux les fit croire enfans de Jupiter, et leur mérita le nom de *Dioscures*, qu'ils portèrent dans la suite, et sous lequel ils furent honorés.

Ce fut dans le voyage de la Colchide que ces deux héros se distinguèrent le plus. Pendant la tempête qui pensa causer la perte du navire Argo, ils firent, avec Orphée, les vœux de s'initier aux mystères de Samothrace. Les dieux qu'on adorait dans ce pays se nommaient Cabires, et passaient pour être les fils du Vulcain Égyptien, adoré dans l'Égypte comme le plus puissant et le premier des dieux.

Rien n'était plus célèbre et plus sacré que ces mystères de Samothrace. On leur croyait

76. Orphée.
75. Castor et Pollux.
74. Conquête de la Toison d'Or.

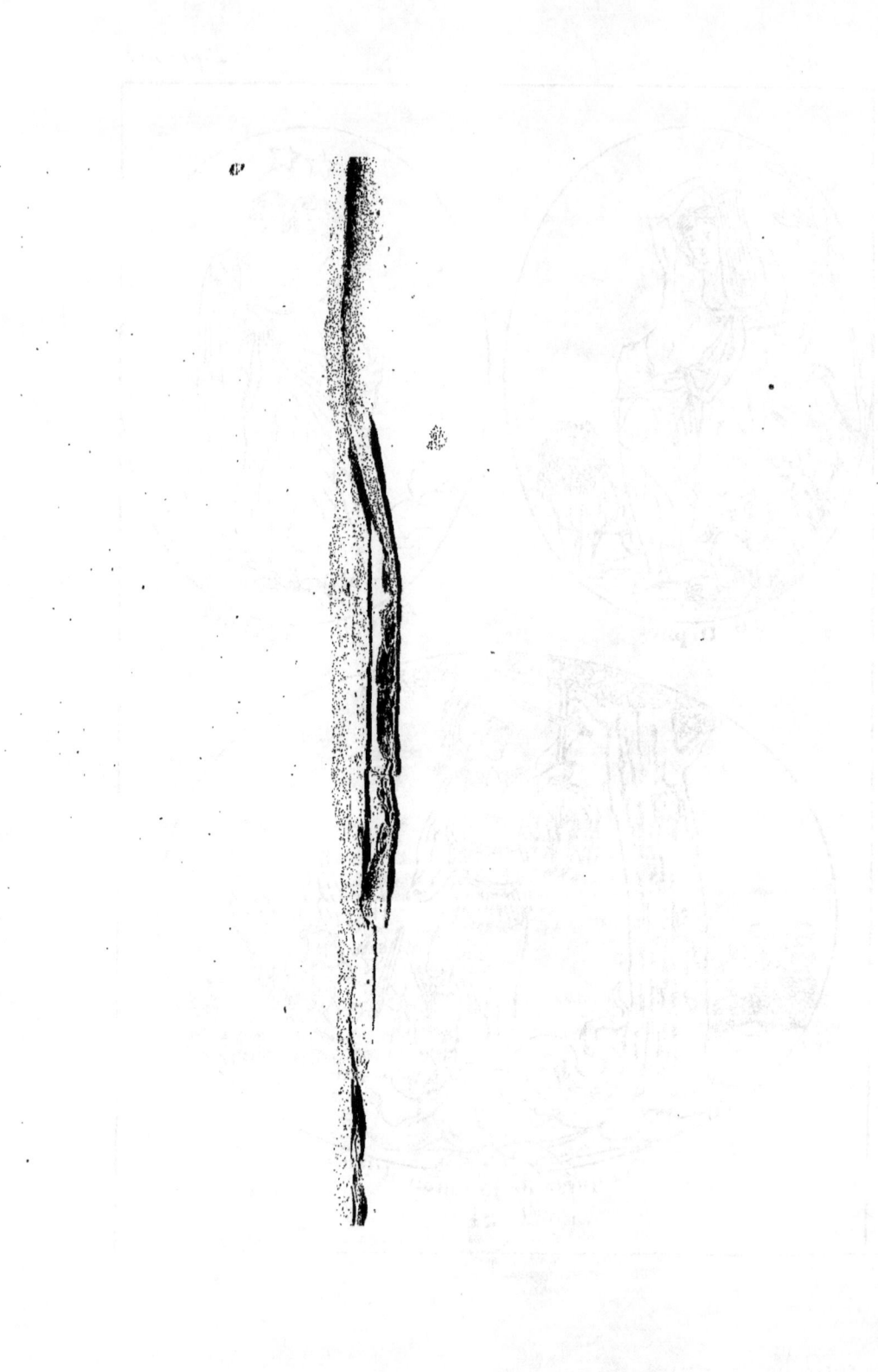

surtout le pouvoir de rendre les dieux propices pendant les grandes navigations.

Dans ce voyage, Pollux tua le fameux Amycus, qui défiait tout le monde au combat du ceste. Cette victoire, et celle qu'il remporta aux jeux olympiques qu'Hercule fit célébrer en Élide, le firent regarder comme le patron des athlètes. Pendant ces mêmes jeux, Castor, son frère, se distinguait à la course et dans l'art de dompter les chevaux.

Après le voyage de la Colchide, ces deux héros se rendirent très-redoutables sur la mer, et purgèrent l'Archipel des corsaires qui l'infestaient. Ce service les fit placer, après leur mort, parmi les divinités favorables aux nautoniers. On crut leur devoir cet honneur, parce que, pendant la tempête qui menaça le navire Argo, on aperçut des feux voltiger autour de la tête des Tyndarides, et l'instant d'après l'orage cessa. Depuis ce temps, les feux que l'on voit souvent sur la terre se nommaient les feux de Castor et Pollux. Lorsqu'on en voyait deux à la fois, ils annonçaient le retour du calme ; un seul faisait présager une horrible tempête. Les matelots voyaient souvent de ces sortes de feux, et les nomment aujourd'hui le feu saint Elme et le feu saint Antoine.

Ces deux princes prirent la ville d'Aphidnes, pour venger une injure faite à leur sœur. Ils se contentèrent de punir les coupables. Les Athéniens, charmés de cette modération, instituèrent des fêtes en leur honneur, sous le nom d'*Anacées*, qui vient de *roi*.

Bientôt après ils furent moins sages et moins modérés. Ayant été invités, comme parens, aux noces d'Idas et de Lyncée, ils enlevèrent Phœbé et Hilaïre, filles de Leucippus. Idas et Lyncée, à qui elles étaient promises, poursuivirent les ravisseurs. Castor tua d'abord Lyncée; mais Idas vengea son frère, et tua Castor. Pollux, accouru trop tard, vengea Castor en tuant Idas.

Pollux, dit la fable, était immortel en sa qualité de fils de Jupiter; il pria son père de le faire mourir, ou de lui permettre de partager son immortalité avec son frère. Jupiter exauça la prière de Pollux. Ils se succédaient alternativement sur la terre et dans le royaume des morts. Cette fable est fondée sur ce qu'après leur mort on les représenta par le signe des Gémeaux; et comme l'une des deux étoiles de ce signe se cache sous l'horizon, tandis que l'autre paraît, on imagina le prétendu partage de l'immortalité.

L'histoire dit que l'un et l'autre furent enterrés près de Scyades, bourg de Laconie;

et par une bizarrerie ordinaire à ces temps, leur temple se trouvait à côté de leur tombeau. On les honora d'abord comme des héros ; la Grèce finit par les admettre au nombre de ses grands dieux ; et les Romains, imitateurs des Grecs, les honorèrent de même.

On croyait qu'ils apparaissaient souvent aux hommes; on les représentait ordinairement à cheval, ou sous la figure de deux jeunes hommes, avec un bonnet surmonté d'une étoile. (*Fig.* 75.) Cette manière de les représenter prouve que l'art de l'équitation était antérieur au siége de Troie.

HISTOIRE D'ORPHÉE.

Quelques savans, d'après un passage de Cicéron, ont douté de l'existence d'Orphée; mais cette opinion ne peut prévaloir contre celle de toute l'antiquité et des historiens les plus graves : on le trouve sur toutes les listes des Argonautes qui ont été conservées. Quelques savans comptent même cinq Orphée, dont ils racontent les aventures particulières; ce qui les porte à croire qu'il en a été de ce personnage célèbre comme d'Hercule, et que l'on a rassemblé dans l'histoire d'un seul homme les actions de plusieurs.

Orphée était fils d'OEagre, roi de Thrace, et de la muse Calliope. L'éclat de ses talens le fit regarder comme fils d'Apollon. Musée était son fils. L'application d'Orphée aux matières de religion, ses divers voyages pour s'y perfectionner, lui obtinrent de joindre la qualité de pontife à celle de roi. On le regardait comme le ministre et l'interprète des dieux. Avant lui, la flûte était presque le seul instrument en usage ; il inventa la cythare, et l'on publia qu'Apollon et Mercure lui en avaient fait présent. Il ajouta deux nouvelles cordes à la lyre. Orphée eut souvent des imitateurs, mais jamais de modèle ; c'est à lui qu'on attribue l'invention des vers hexamètres. Il fut à la fois grand théologien, grand philosophe et grand musicien. Il peignait l'origine du monde en disant qu'un grand œuf avait produit l'amour, et que l'amour était le principe de tous les êtres. Cette définition, qui nous a été laissée par l'un des plus grands hommes de l'antiquité, prouve combien le génie lui-même, abandonné à ses seules forces et à ses seules combinaisons, est incapable de s'élever jusqu'à l'idée d'un seul Dieu créateur et tout-puissant.

Œagre, son père, lui donna les premières idées de religion, en l'instruisant des mystères de Bacchus, tels qu'on les pratiquait alors dans la Thrace. Il devint ensuite disciple des Dactyles Idéens. Ce fut surtout pendant son voyage dans l'Égypte qu'Orphée apprit à connaître les mystères d'Osiris ou Bacchus, et ceux d'Isis ou Cérès. Il acquit sur les initiations, sur les funérailles et sur d'autres points du culte religieux, des lumières fort supérieures à celles qu'il avait eues jusqu'alors. Ce fut de là qu'il rapporta la fable des enfers, les orgies et les autres cérémonies que la Grèce adopta par la suite. Musée, son fils, Mélampus et plusieurs autres Grecs, après lui, firent ce même voyage.

Orphée, de retour dans la Grèce, s'y rendit respectable, en persuadant qu'il connaissait les moyens d'expier les crimes, de purifier les coupables, de guérir les maladies inconnues et de fléchir la colère des dieux. Les cérémonies funèbres des Égyptiens lui fournirent les images avec lesquelles il peignit l'enfer. Ce grand homme regarda ce moyen comme le frein le plus puissant que l'on pût opposer au crime. Chez les Éginètes, il institua les mystères d'Hécate, et ceux de Cérès à Sparte. Il fit des changemens si avantageux dans la religion des Grecs, qu'on doit le regarder comme le plus grand et le premier de leurs réformateurs. Il perfectionna aussi la manière de vivre de son temps. Ses talens, et les grands biens qu'il fit à la société, le rendirent l'un des hommes les plus justement célèbres.

Ayant eu la douleur de perdre sa femme Eurydice, qu'il aimait beaucoup, il alla dans un lieu de la Thesprotie, nommé *Aornos*. Un ancien oracle y rendait ses réponses, et prétendait avoir la puissance d'évoquer les morts. Orphée crut effectivement revoir Eurydice, et l'avoir retrouvée; mais l'illusion ne dura qu'un instant : elle disparut à ses yeux; il se retourna vainement pour la revoir; le désespoir s'empara alors de son cœur, et la mort le rejoignit bientôt à son épouse.

D'autres auteurs content différemment sa mort. Ils disent que les femmes de Thrace, outrées de voir leurs maris les abandonner pour suivre Orphée, lui tendirent des embuscades et le déchirèrent, après s'être emparées de lui. Plutarque assure ce fait, et dit que les hommes le vengèrent en maltraitant leurs femmes.

Quelques auteurs, d'accord avec Plutarque sur le genre de sa mort, prétendent qu'il fut massacré en Macédoine; l'on voyait effectivement son tombeau auprès de la ville de Dion. Il consistait en une simple colonne qui portait une urne de marbre.

Le voyage d'Orphée dans la Thesprotie donna lieu à la fable de sa descente aux Enfers. Orphée, dit Virgile, par le charme de ses chants, suspendit les tourmens des coupables dans les Enfers. Pluton lui-même ne put lui résister, et lui permit d'emmener Eurydice, mais à la condition qu'il ne regarderait point derrière lui. Sa tendresse inquiète ne put se contenir ; il oublia sa promesse, et perdit une seconde fois Eurydice.

Du temps d'Orphée, la magie et l'évocation des morts étaient fort en usage ; telle fut sans doute l'origine de la fable d'Orphée retrouvant Eurydice. Quelques auteurs l'expliquent différemment, et disent qu'Eurydice fut effectivement mordue par un serpent. Orphée la guérit ; mais une seconde maladie, qui survint peu de temps après, lui donna la mort, et fit imaginer la fable d'une rechute dans les Enfers.

Les poésies d'Orphée étaient en petit nombre et très-courtes. Les Lycomides (famille athénienne) les savaient par cœur, et les chantaient en célébrant leurs mystères. Ces hymnes n'avaient point l'élégance des vers d'Homère : cependant la religion les avait adoptés et n'avait point fait cet honneur aux poésies d'Homère.

Il ne reste aucun des ouvrages d'Orphée.

Les *Argonautiques* et les *Orphiques* sont d'Onomacrite, contemporain de Pisistrate, ou de quelqu'autre auteur inconnu. La fable qui peint Orphée attirant à sa suite les animaux les plus féroces et les rochers (*Fig.* 76.), est une allégorie pour peindre combien il excellait dans la musique ; elle exprimait en même temps qu'il employait ses talens à polir les mœurs farouches de son temps.

Orphée était contemporain des Argonautes. Le charme et les illusions attachés à son souvenir faisaient dire, et persuadaient même, que les rossignols qui habitaient autour de son tombeau surpassaient tous ceux du reste du monde par la force et la beauté de leur chant. On ne se promenait point sous les ombres du bois sacré qui environnait son urne sans éprouver un respect religieux ; et l'imagination, entraînée par une douce et tendre mélancolie, croyait, au moindre bruit, entendre encore les soupirs d'Orphée, ou revoir l'ombre errante d'Eurydice.

CHASSE DE CALYDON ; MÉLÉAGRE, ATALANTE.

L'histoire de cette chasse se trouve dans Homère ; nous allons donner son récit, auquel il ne mêle d'autre fiction que l'intervention de la déesse Diane. Nous rapporterons ensuite ce que les autres poëtes ont ajouté.

« Les Curètes et les belliqueux Etoliens se
» faisaient une guerre cruelle sous les murs de
» Calydon. Les Étoliens défendaient la ville,
» et les Curètes l'attaquaient avec toutes leurs
» forces. Diane avait suscité cette guerre pour
» se venger d'OEnée, qui l'avait oubliée dans
» ses sacrifices. La déesse, indignée de voir
» ses autels délaissés, envoya un sanglier
» monstrueux qui bouleversa les terres, dé-
» racina les arbres et ravagea les campagnes.
» Le brave Méléagre, fils d'OEnée, rassembla
» une armée de chasseurs pour attaquer et
» détruire cet animal terrible, dont les car-
» nages couvraient déjà l'Étolie de bûchers et
» de deuil. Le sanglier fut tué par les coups
» de Méléagre. Mais Diane n'était pas satis-
» faite. Les Étoliens et les Curètes, excités par
» la déesse, se disputent entre eux la dépouille
» du monstre ; rien ne peut terminer ce violent

» différent ; la guerre s'allume, et les combats
» commencent.

» L'illustre Méléagre, à la tête des Étoliens,
» ne se laisse point effrayer par le grand nom-
» bre des Curètes ; et, lorsqu'il fait des sorties
» pour repousser leurs attaques, rien ne les
» met à l'abri de ses coups. Ce fut dans l'un de
» ces combats sanglans qu'il mit à mort les
» deux frères de sa mère Althée. Cette reine,
» désespérée de cette perte, s'abandonne à la
» colère qui s'allume au fond de son cœur ; et,
» prononçant les plus horribles imprécations,
» elle conjure Proserpine et Pluton d'envoyer
» la Mort pour la venger de son propre fils.
» La Discorde féroce et sanguinaire planait
» alors au milieu des airs ; elle écoute les cris
» d'Althée, elle se plaît à les répéter ; le bouil-
» lant Méléagre les entend, son cœur s'en
» indigne, et la Furie saisit ce moment pour
» lui inspirer la volonté d'abandonner les
» Étoliens aux attaques de leurs ennemis. Il
» s'enferme avec sa femme Cléopâtre, et ne
» veut plus même connaître quelle est l'issue
» des combats qui se donnent. Son absence
» rend tout le courage aux Curètes ; ils re-
» doublent leurs attaques et leurs assauts ; les
» Étoliens sont prêts à succomber. Les plus
» sages vieillards alors, et les prêtres les plus
» vénérables, sont députés vers Méléagre,

» pour lui demander de sauver Calydon. OEnée,
» consterné du danger qui menace ses sujets
» et sa ville, se jette aux genoux de son fils.
» Les frères de Méléagre joignent leurs sup-
» plications à celles du roi; sa mère elle-même,
» touchée de repentir, répand des larmes de-
» vant lui : rien ne peut le toucher; il de-
» meure inflexible. Cependant les Curètes,
» déjà maîtres des tours de la ville, se pré-
» sentent aux avenues du palais; déjà leurs
» mains sont armées de torches pour l'embra-
» ser : ce fut alors que la belle Cléopâtre,
» se jetant à ses pieds, le conjura de la sau-
» ver des dangers affreux qui la menaçaient.
» Méléagre, attendri par tant de soumission
» et de larmes, reprend enfin ses armes ; on
» voit ses yeux étinceler de fureur; il s'é-
» lance au plus fort du combat; rien ne peut
» résister à la force de ses coups; partout il
» porte la mort et l'effroi; les Curètes ne son-
» gent plus qu'à la fuite, et Calydon est sauvé
» par son bras invincible. »

Dans ce récit d'Homère, l'intervention de Diane tient seule à la fable. Le reste des événemens est conforme à l'histoire. Ce poëte nomme les principaux chasseurs, parmi lesquels on remarque Thésée et la belle Atalante, si célèbre par sa légèreté à la course. Ce fut à ses pieds que Méléagre apporta la dépouille du sanglier de Calydon, cause fatale de la mort de ses deux oncles Plexippe et Toxée.

Ovide et les poëtes postérieurs à Homère ont ajouté beaucoup à cette histoire. Ce sont eux qui ont imaginé la fable du tison fatal auquel était attaché le sort de Méléagre. Ils disent qu'à l'instant où ce héros vint au monde, les Parques mirent dans le feu un tison, et prédirent que ce prince mourrait aussitôt que le tison serait réduit en cendres. Les Parques ensuite commencèrent à filer ses jours, et le tison s'enflammait déjà lorsqu'elles s'éloignèrent de l'appartement d'Althée. Cette princesse aussitôt s'élança vers le feu, s'empara du tison, et le conserva soigneusement, pour prolonger les jours de son fils ; mais lorsque Méléagre eut tué ses deux oncles qui lui disputaient la dépouille du sanglier, Althée rencontra les corps de ses deux frères, dans l'instant où elle allait remercier les dieux de la victoire de son fils. N'écoutant plus alors que sa bouillante fureur, elle jeta dans le feu le tison auquel tenaient les jours de Méléagre ; et ce prince périt en peu d'instans, comme s'il eût été consumé par le feu. La cruelle Althée, revenue de ses transports, ne put soutenir cet horrible spectacle : elle se donna la mort, et les deux sœurs de Méléagre moururent aussi de regret. On publia qu'elles avaient été changées en oiseaux, que l'on nomma Méléagrides. OEnée, après la mort d'Althée, épousa Péribée, dont il eut Tydée, père de Diomède.

Pausanias rapporte que l'on voyait à Rome l'une des défenses du sanglier de Calydon : elle était d'une grandeur énorme. Auguste l'avait fait enlever de la ville de Tégée, ainsi que la statue de Minerve, pour punir les Arcadiens d'avoir pris le parti d'Antoine contre lui.

Cléopâtre, femme de Méléagre, était fille d'Idas, frère de Lyncée et de Marpesse. Polydora, fille de Méléagre et de Cléopâtre, épousa Protésilas, qui sauta le premier sur le rivage de Troie, quoique l'oracle eût prédit la mort de celui qui descendrait le premier sur ce rivage. Polydora ne put survivre à la perte de son époux.

Nous croyons devoir aussi conserver la fable d'Ovide sur Atalante. Elle s'était vouée à Diane : sa grande beauté la faisait rechercher de toutes parts. Elle voulut se délivrer de tant d'importunités, et promit d'épouser celui qui pourrait la devancer à la course, mais à la condition que ses prétendans seraient sans armes, qu'elle serait armée d'un

7

javelot, et qu'elle aurait le droit d'en percer ceux qui seraient vaincus. Les conditions furent acceptées. Déjà plusieurs concurrens avaient perdu la vie, lorsque Hippomène se présenta ; Vénus, qu'il avait invoquée, le favorisait : la déesse lui donna trois pommes du jardin des Hespérides.

Hippomène descend dans l'arène, les conditions portaient que le prétendant courrait le premier. Hippomène, d'après le conseil de Vénus, laisse tomber une pomme, la légère Atalante se plut à la ramasser. Hippomène laissa tomber successivement les deux autres, elles furent de même ramassées, et la vitesse d'Atalante ne put suffire pour réparer le temps qu'elle avait perdu. Hippomène fut vainqueur et l'épousa.

Par la suite, l'un et l'autre ayant profané un temple de Cybèle, ou un bois qui lui était consacré, Hippomène fut changé en lion, et Atalante en lionne.

Le peu d'occasions qui se présenteront de parler de la ville de Calydon nous engage à placer ici l'histoire de Corésus.

Ce grand-prêtre de Bacchus ne put voir Callirhoé, princesse du sang royal, sans éprouver pour elle la passion la plus vive. Vainement il chercha les moyens de lui plaire, il ne put la toucher. Il invoqua Bacchus ; le dieu, protégeant son ministre, inspira aux Calydoniens une ivresse furieuse qui les portait à s'entre-tuer. L'oracle, interrogé, répondit que ce fléau ne cesserait qu'en immolant Callirhoé, ou celui qui se dévouerait pour elle. Déjà l'autel attendait la victime ; le peuple de Calydon demandait à grands cris ce sacrifice horrible, dont il espérait son salut. Corésus s'avance, armé du couteau sacré ; on conduit à ses pieds la malheureuse Callirhoé ; les bandelettes qui la lient de toutes parts ne lui laissent d'autre possibilité que celle de présenter son sein pour recevoir le coup mortel. Corésus jette sur elle un dernier regard ; sa main semble hésiter ; les murmures des Calydoniens se font entendre ; il enfonce le glaive dans son propre sein, et tombe mort au pied de l'autel. Callyrhoé, reconnaissant à ce trait l'héroïque et généreuse tendresse de Corésus, ne voulut point lui survivre ; elle se donna la mort auprès de la fontaine de Calydon, et, depuis ce temps, son nom fut donné à cette fontaine.

DES DEUX GUERRES DE THÈBES.

Pour achever de donner l'histoire des temps héroïques, il nous reste à parler des deux guerres de Thèbes. Eschyle, Sophocle et Euripide, en ont fait le sujet de plusieurs tragédies, et Stace celui d'un poëme épique. Les chefs-d'œuvre de ces poëtes illustres sont trop célèbres et trop connus, pour ne pas engager nos lecteurs à les lire. Nous ne pourrions que les mutiler en donnant des extraits toujours insuffisans. Nous nous bornerons donc à l'abrégé de cette histoire, et nous croyons plaire à nos lecteurs en préférant à tout ce que nous pourrions écrire, les détails que l'on trouve dans le Voyage du jeune Anacharsis.

« La colère des dieux s'appesantissait depuis long-temps sur le royaume de Thèbes. Cadmus, chassé du trône qu'il avait élevé ; Polydore, déchiré par des bacchantes ; Labdacus, enlevé par une mort prématurée, ne laissant qu'un fils au berceau et entouré d'ennemis ; tel avait été depuis son origine, le sort de la famille royale, lorsque Laïus, fils et successeur de Labdacus, après avoir perdu et recouvré deux fois la couronne, épousa Épicaste ou Jocaste, fille

» de Ménœcée. C'est à cet hymen qu'étaient
» réservées les plus affreuses calamités. L'en-
» fant qui en naîtra, disait un oracle, sera le
» meurtrier de son père et l'époux de sa
» mère. Ce fils naquit, et les auteurs de ses
» jours le condamnèrent à devenir la proie des
» bêtes féroces. Ses cris, ou le hasard, le firent
» découvrir dans un endroit solitaire. Il fut
» présenté à la reine de Corinthe, qui l'éleva
» dans sa cour sous le nom d'OEdipe et comme
» son fils adoptif.

» Au sortir de l'enfance, instruit des dan-
» gers qu'il avait courus, il consulta les
» dieux; et leurs ministres ayant confirmé
» par leur réponse l'oracle qui avait précédé
» sa naissance, il fut entraîné dans le mal-
» heur qu'il voulait éviter. Résolu de ne plus
» retourner à Corinthe, qu'il regardait comme
» sa patrie, il prit le chemin de la Phocide,
» et rencontra dans un sentier un vieillard
» qui lui prescrivit avec hauteur de laisser
» le passage libre, et voulut l'y contraindre
» par la force. C'était Laïus ; OEdipe se
» précipita sur lui, et le fit périr sous ses
» coups.

» Après ce funeste accident, le royaume
» de Thèbes et la main de Jocaste furent
» promis à celui qui délivrerait les Thébains
» des maux dont ils étaient affligés. Sphinge,

» fille naturelle de Laïus, s'étant associée à
» des brigands, ravageait la plaine, arrêtait
» les voyageurs par des questions captieuses,
» et les égarait dans les détours du mont Phi-
» née, pour les livrer à ses perfides compa-
» gnons. Œdipe démêla ses piéges, dissipa
» les complices de ses crimes ; et, en recueil-
» lant le fruit de sa victoire, il remplit l'o-
» racle dans toute son étendue.

» L'inceste triomphait sur la terre; mais
» le ciel se hâta d'en arrêter le cours. Des
» lumières odieuses vinrent effrayer les deux
» époux. Jocaste termina ses infortunes par
» une mort violente. Œdipe, à ce que rap-
» portent quelques auteurs, s'arracha les
» yeux et mourut dans l'Attique, où Thé-
» sée lui avait accordé un asile. Mais, suivant
» d'autres traditions, il fut condamné à sup-
» porter la lumière du jour, pour voir en-
» core des lieux témoins de ses forfaits, et la
» vie pour la donner à des enfans plus cou-
» pables et aussi malheureux que lui. C'é-
» taient Étéocle, Polynice, Antigone et Is-
» mène, qu'il eut d'Euriganée, sa seconde
» femme.

» Les deux princes ne furent pas plus tôt
» en âge de régner, qu'ils reléguèrent Œdipe
» au fond de son palais, et convinrent en-
» semble de tenir, chacun à son tour, les rê-

» nes du gouvernement pendant une année
» entière. Étéocle monta le premier sur ce
» trône, sous lequel l'abîme restait toujours
» ouvert, et refusa d'en descendre. Polynice
» se rendit auprès d'Adraste, roi d'Argos,
» qui lui donna sa fille en mariage et lui
» promit de puissans secours.

» Telle fut l'occasion de la première expé-
» dition où les Grecs montrèrent quelques
» connaissances de l'art militaire. Jusqu'alors
» on avait vu des troupes sans soldats inon-
» der tout à coup un pays voisin, et se retirer
» après des hostilités et des cruautés passa-
» gères. Dans la guerre de Thèbes, on vit
» des projets concertés avec prudence et sui-
» vis avec fermeté; des peuples différens,
» renfermés dans un même camp, et soumis
» à la même autorité, opposant un courage
» égal aux rigueurs des saisons, aux lenteurs
» d'un siége, et aux dangers des combats
» journaliers.

» Adraste partagea le commandement de
» l'armée avec Polynice, qu'il voulait établir
» sur le trône de Thèbes; le brave Tydée,
» fils d'OEnée, roi d'Étolie, l'impétueux Ca-
» panée, le divin Amphiaraüs, Hippomédon
» et Parthénopée. A la suite de ces guerriers,
» tous distingués par leur naissance et par
» leur valeur, parurent dans un ordre infé-

7*

» rieur de mérite et de dignité les princi-
» paux habitans de la Messénie, de l'Arcadie
» et de l'Argolide.

» L'armée, s'étant mise en marche, entra
» dans la forêt de Némée, où ses généraux
» instituèrent des jeux qu'on célèbre encore
» aujourd'hui avec la plus grande solennité.
» Après avoir passé l'isthme de Corinthe,
» elle se rendit en Béotie, et força les troupes
» d'Étéocle de se renfermer dans les murs de
» Thèbes.

» Les Grecs ne connaissaient pas encore
» l'art de s'emparer d'une place défendue par
» une forte garnison. Tous les efforts des as-
» siégeans se dirigeaient vers les portes,
» toute l'espérance des assiégés consistait
» dans leurs fréquentes sorties. Les actions
» qu'elles occasionaient avaient déjà fait pé-
» rir beaucoup de monde de part et d'autre;
» déjà le vaillant Capanée venait d'être pré-
» cipité du haut d'une échelle contre le mur,
» lorsqu'Étéocle et Polynice résolurent de
» terminer entre eux leurs différens. Le jour
» pris, le lieu fixé, les peuples en pleurs, les
» armées en silence, les deux princes fon-
» dirent l'un sur l'autre; et, après s'être
» percés de coups, ils rendirent les derniers
» soupirs, sans pouvoir assouvir leur rage.
» On les porta sur le même bûcher, et dans

» la vue d'exprimer par une image effrayante
» les sentimens qui les avaient animés pen-
» dant leur vie, on supposa que la flamme,
» pénétrée de leur haine, s'était divisée pour
» ne pas confondre leurs cendres.

» Créon, frère de Jocaste, fut chargé, pen-
» dant la minorité de Laodamas, fils d'Étéo-
» cle, de continuer une guerre qui devenait
» de jour en jour plus funeste aux assiégeans,
» et qui finit par une vigoureuse sortie que
» firent les Thébains. Le combat fut très-
» meurtrier; Tydée et la plupart des géné-
» raux argiens y périrent. Adraste, contraint
» de lever le siége, ne put honorer par des
» funérailles ceux qui étaient restés sur le
» champ de bataille; il fallut que Thésée in-
» terposât son autorité pour obliger Créon à
» se soumettre au droit des gens, qui com-
» mençait à s'introduire.

» La victoire des Thébains ne fit que sus-
» pendre leur perte. Les chefs des Argiens
» avaient laissé des fils dignes de les venger.
» Dès que les temps furent arrivés, ces jeunes
» princes, parmi lesquels on voyait Diomède,
» fils de Tydée, et Sthénelus, fils de Capanée,
» entrèrent à la tête d'une armée formidable
» sur les terres de leurs ennemis.

» On en vint bientôt aux mains, et les Thé-
» bains, ayant perdu la bataille, abandon-

» nèrent la ville, qui fut livrée au pillage.
» Thersander, fils et successeur de Polynice,
» fut tué quelques années après, en allant
» au siége de Troie. Après sa mort, deux
» princes de la même famille régnèrent à
» Thèbes ; mais le second fut tout à coup
» saisi d'une noire frénésie, et les Thébains,
» persuadés que les Furies s'attacheraient au
» sang d'OEdipe tant qu'il en resterait une
» goutte sur la terre, mirent une autre famille
» sur le trône. Ils choisirent, trois générations
» après, le gouvernement républicain, qui
» subsiste encore parmi eux. »

GUERRE DE TROIE.

L'EXTRAIT que nous venons de donner des deux guerres de Thèbes suffira sans doute pour faire sentir la nécessité de recourir aux chefs-d'œuvre que les anciens nous ont laissés sur ce sujet intéressant. Nous croyons devoir prendre le même parti pour le plus célèbre des événemens de l'histoire grecque. On ne peut parler de la guerre de Troie sans rappeler à tous les souvenirs les noms d'Homère et de Virgile. Il faudrait oublier toutes les lois du goût pour oser les extraire. Nous nous bornerons à transcrire ce que l'auteur du

Voyage du jeune Anacharsis s'est permis d'écrire sur ce sujet.

« Le repos dont jouit la Grèce, après la
» seconde guerre de Thèbes, ne pouvait être
» durable. Les chefs de cette expédition re-
» venaient couverts de gloire, les soldats
» chargés de butin. Les uns et les autres se
» montraient avec cette fierté que donne la
» victoire; et, racontant à leurs enfans, à leurs
» amis, empressés autour d'eux, la suite de
» leurs travaux et de leurs exploits, ils ébran-
» laient puissamment les imaginations, et al-
» lumaient dans tous les cœurs la soif ardente
» des combats. Un événement subit déve-
» loppa ces impressions funestes.

» Sur la côte de l'Asie, à l'opposite de la
» Grèce, vivait paisiblement un prince, qui
» ne comptait que des souverains pour aïeux,
» et qui se trouvait à la tête d'une nombreuse
» famille, presque toute composée de jeunes
» héros. Priam régnait à Troie; et son royau-
» me, autant par l'opulence et par le courage
» des peuples soumis à ses lois, que par ses
» liaisons avec les rois d'Assyrie, répandait
» en ce canton de l'Asie le même éclat que le
» royaume de Mycène dans la Grèce.

» La maison d'Argos, établie en cette der-
» nière ville, reconnaissait pour chef Aga-
» memnon, fils d'Atrée. Il avait joint à ses

» états ceux de Corinthe, de Sicyone et de
» plusieurs villes voisines. Sa puissance, aug-
» mentée de celle de Ménélas, son frère,
» qui venait d'épouser Hélène, héritière du
» royaume de Sparte, lui donnait une grande
» influence sur cette partie de la Grèce qui,
» de Pélops, son aïeul, a pris le nom de Pé-
» loponèse.

» Tantale, son bisaïeul, régna d'abord en
» Lydie; et, contre les droits les plus sacrés,
» retint dans les fers un prince troyen,
» nommé Ganymède. Plus récemment encore,
» Hercule, issu des rois d'Argos, avait détruit
» la ville de Troie, fait mourir Laomédon,
» et enlevé Hésione, sa fille.

» Le souvenir de ces outrages restés im-
» punis, entretenait dans les maisons de
» Priam et d'Agamemnon une haine hérédi-
» taire et implacable, aigrie de jour en jour
» par la rivalité de puissance, la plus terrible
» des passions meurtrières. Pâris, fils de
» Priam, fut destiné à faire éclore ces semen-
» ces de division.

» Pâris vint en Grèce, et se rendit à la
» cour de Ménélas, où la beauté d'Hélène
» fixait tous les regards. Aux avantages de la
» figure, le prince troyen réunissait le désir
» de plaire. Hélène abandonna tout pour le
» suivre.

» Les Atrides voulurent en vain obtenir
» par la douceur une satisfaction proportion-
» née à l'offense ; Priam ne vit dans son fils
» que le réparateur des torts que sa maison
» et l'Asie entière avaient éprouvés de la part
» des Grecs, et rejeta les voies de conciliation
» qu'on lui proposait.

» A cette étrange nouvelle, ces bruits tu-
» multueux et sanguinaires, ces bruits avant-
» coureurs des combats et de la mort, écla-
» tent et se répandent de toutes parts. Les
» nations de la Grèce s'agitent comme une
» forêt battue par la tempête. Les rois dont
» le pouvoir est renfermé dans une seule
» ville, ceux dont l'autorité s'étend sur plu-
» sieurs peuples, possédés également de l'es-
» prit d'héroïsme, s'assemblent à Mycène.
» Ils jurent de reconnaître Agamemnon pour
» chef de l'entreprise, de venger Ménélas,
» de réduire Ilium en cendres. Si des princes
» refusent d'abord d'entrer dans la confédé-
» ration, ils sont bientôt entraînés par l'élo-
» quence persuasive du vieux Nestor, roi
» de Pilos ; par les discours insidieux d'U-
» lysse, roi d'Ithaque ; par l'exemple d'Ajax,
» de Salamine ; de Diomède, d'Argos ; d'I-
» doménée, de Crète ; d'Achille, fils de Pé-
» lée, qui régnait dans un canton de la Thes-
» salie, et d'une foule de jeunes guerriers,

» ivres d'avance des succès qu'ils se pro-
» mettent.

» Après de longs préparatifs, l'armée,
» forte d'environ cent mille hommes, se ras-
» sembla au port d'Aulide, et près de douze
» cents voiles la transportèrent sur les rives
» de la Troade.

» La ville de Troie, défendue par des rem-
» parts et des tours, était encore protégée
» par une armée nombreuse, que comman-
» dait Hector, fils de Priam. Il avait sous
» lui quantité de princes alliés, qui avaient
» joint leurs troupes à celles des Troyens.
» Assemblées sur le rivage, elles présentaient
» un front redoutable à l'armée des Grecs,
» qui, après les avoir repoussées, se renfer-
» mèrent dans un camp avec la plus grande
» partie de leurs vaisseaux.

» Les deux armées essayèrent de nouveau
» leurs forces, et le succès douteux de plu-
» sieurs combats fit entrevoir que le siége
» traînerait en longueur.

» Avec de frêles bâtimens et de faibles lu-
» mières sur l'art de la navigation, les Grecs
» n'avaient pu établir une communication
» suivie entre la Grèce et l'Asie. Les subsis-
» tances commencèrent à manquer. Une
» partie de la flotte fut chargée de ravager ou
» d'ensemencer les îles et les côtes voisines,

» tandis que divers partis, dispersés dans la
» campagne, enlevaient les récoltes et les
» troupeaux. Un autre motif rendait ces dé-
» tachemens indispensables. La ville n'était
» point investie; et, comme les troupes de
» Priam la mettaient à l'abri d'un coup de
» main, on résolut d'attaquer les alliés de ce
» prince, soit pour profiter de leurs dépouil-
» les, soit pour le priver de leurs secours.
» Achille portait de tous côtés le fer et la
» flamme : après s'être débordé comme un
» torrent destructeur, il revenait avec un
» butin immense, qu'on distribuait à l'armée,
» avec des esclaves sans nombre, que les gé-
» néraux partageaient entre eux.

» Troie était située au pied du mont Ida, à
» quelque distance de la mer; les tentes et les
» vaisseaux des Grecs occupaient le rivage ;
» l'espace du milieu était le théâtre de la bra-
» voure et de la férocité; les Troyens et les
» Grecs armés de piques, de massues, d'é-
» pées, de flèches et de javelots, couverts de
» casques, de cuirasses, de cuissarts et de
» boucliers, les rangs pressés, les généraux
» à leur tête, s'avançaient les uns contre les
» autres, les premiers avec de grands cris ,
» les seconds dans un silence plus effrayant;
» aussitôt les chefs, devenus soldats, plus
» jaloux de donner de grands exemples que

» de sages conseils, se précipitaient dans le
» danger, et laissaient presque toujours au
» hasard le soin d'un succès qu'ils ne savaient
» ni préparer ni suivre; les troupes se heur-
» taient et se brisaient avec confusion, comme
» les flots que le vent pousse et repousse dans
» le détroit de l'Eubée. La nuit séparait les
» combattans; la ville ou les retranchemens
» servaient d'asiles aux vaincus; la victoire
» coûtait du sang, et ne produisait rien.

» Les jours suivans, la flamme du bûcher
» dévorait ceux que la mort avait moissonnés;
» on honorait leur mémoire par des larmes
» et par des jeux funèbres. La trêve expirait,
» et l'on en venait encore aux mains.

» Souvent, au plus fort de la mêlée, un
» guerrier élevait sa voix, et défiait au com-
» bat un guerrier du parti contraire. Les trou-
» pes, en silence, les voyaient tantôt se lan-
» cer des traits ou d'énormes quartiers de
» pierre, tantôt se joindre l'épée à la main,
» et presque toujours s'insulter mutuellement
» pour aigrir leur fureur. La haine du vain-
» queur survivait à son triomphe; s'il ne pou-
» vait outrager le corps de son ennemi et le
» priver de la sépulture, il tâchait du moins
» de le dépouiller de ses armes; mais, dans
» l'instant, les troupes s'avançaient de part
» et d'autre, soit pour lui ravir sa proie, soit

» pour la lui assurer, et l'action devenait gé-
» nérale.

» Elle le devenait aussi lorsqu'une des ar-
» mées avait trop à craindre pour les jours de
» son guerrier, ou lorsque lui-même cherchait
» à les prolonger par la fuite. Les circonstan-
» ces pouvaient justifier ce dernier parti : l'in-
» sulte et le mépris flétrissaient à jamais celui
» qui fuyait sans combattre, parce qu'il faut,
» dans tous les temps, savoir affronter la mort
» pour mériter de vivre. On réservait l'indul-
» gence pour celui qui ne se dérobait à la su-
» périorité de son adversaire qu'après l'avoir
» éprouvée; car la valeur de ces temps-là con-
» sistant moins dans le courage d'esprit que
» dans le sentiment de ses forces, ce n'était
» pas une honte de fuir, lorsqu'on ne cédait
» qu'à la nécessité; mais c'était une gloire d'at-
» teindre l'ennemi dans sa retraite, et de join-
» dre à la force que préparait la victoire, la
» légèreté qui servait à la décider.

» Les associations d'armes et de sentimens
» entre deux guerriers ne furent jamais si
» communes que pendant la guerre de Troie.
» Achille et Patrocle, Ajax et Teucer, Dio-
» mède et Sthénélus, Idoménée et Mérion,
» tant d'autres héros dignes de suivre leurs
» traces, combattaient souvent l'un près de
» l'autre, et, se jetant dans la mêlée, ils par-

» tageaient entre eux les périls et la gloire :
» d'autres fois, montés sur un même char, l'un
» guidait les coursiers, tandis que l'autre écar-
» tait la mort et la renvoyait à l'ennemi. La
» perte d'un guerrier exigeait une prompte
» satisfaction de la part de son compagnon
» d'armes; le sang versé demandait du sang.

» Cette idée, fortement imprimée dans les
» esprits, endurcissait les Grecs et les Troyens
» contre les maux sans nombre qu'ils éprou-
» vaient. Les premiers avaient été plus d'une
» fois sur le point de prendre la ville; plus
» d'une fois les seconds avaient forcé le camp,
» malgré les palissades, les fossés, les murs
» qui le défendaient. On voyait les armées se
» détruire et les guerriers disparaître : Hec-
» tor, Sarpédon, Ajax, Achille lui-même
» avaient mordu la poussière. A l'aspect de
» ces revers, les Troyens soupiraient après le
» renvoi d'Hélène, les Grecs, après leur pa-
» trie; mais les uns et les autres étaient bien-
» tôt retenus par la honte et par la malheureuse
» facilité qu'ont les hommes de s'accoutumer
» à tout, excepté au repos et au bonheur.

» Toute la terre avait les yeux fixés sur les
» campagnes de Troie, sur ces lieux où la
» gloire appelait à grands cris les princes qui
» n'avaient pas été du commencement de l'ex-
» pédition. Impatiens de se signaler dans cette

» carrière ouverte aux nations, ils venaient
» successivement joindre leurs troupes à celles
» de leurs alliés, et périssaient quelquefois
» dans un combat.

» Enfin, après dix ans de résistance et de
» travaux, après avoir perdu l'élite de sa jeu-
» nesse et de ses héros, la ville tomba sous les
» efforts des Grecs; et sa chute fit un si grand
» bruit dans la Grèce, qu'elle sert encore de
» principale époque aux annales des nations.
» Ses murs, ses maisons, ses temples réduits
» en poudre; Priam expirant aux pieds des
» autels; ses fils égorgés autour de lui; Hé-
» cube, son épouse; Cassandre, sa fille; An-
» dromaque, veuve d'Hector; plusieurs au-
» tres princesses chargées de fers, traînées
» comme des esclaves à travers le sang qui
» ruisselait dans les rues, au milieu d'un
» peuple entier dévoré par la flamme ou dé-
» truit par le fer vengeur; tel fut le dénoû-
» ment de cette fatale guerre. Les Grecs as-
» souvirent leur fureur; mais ce plaisir cruel
» fut le terme de leur prospérité et le com-
» mencement de leurs désastres.

» Leur retour fut marqué par les plus si-
» nistres revers. Mnesthée, roi d'Athènes,
» finit ses jours dans l'île de Mélos; Ajax, roi
» des Locriens, périt avec sa flotte; Ulysse,
» plus malheureux, eut souvent à craindre le

» même sort pendant les dix ans entiers qu'il
» erra sur les flots ; d'autres, encore plus à
» plaindre, furent reçus dans leurs familles
» comme des étrangers revêtus de titres qu'une
» longue absence avait fait oublier, qu'un
» retour imprévu rendait odieux. Au lieu des
» transports que devait exciter leur présence,
» ils n'entendirent autour d'eux que les cris
» révoltans de l'ambition, de l'adultère et du
» plus sordide intérêt : trahis par leurs parens
» et leurs amis, la plupart allèrent, sous la
» conduite d'Idoménée, de Philoctète, de
» Diomède et de Teucer, en chercher de nou-
» veaux en des pays inconnus.

» La maison d'Argos se couvrit de forfaits,
» et déchira ses entrailles de ses propres
» mains : Agamemnon trouva son trône et son
» lit profanés par un indigne usurpateur ; il
» mourut assassiné par Clytemnestre, son
» épouse, qui, quelque temps après, fut mas-
» sacrée par Oreste, son fils.

» Ces horreurs multipliées dans presque
» tous les cantons de la Grèce, retracées en-
» core aujourd'hui sur le théâtre d'Athènes,
» devraient instruire les rois et les peuples,
» et leur faire redouter jusqu'à la victoire
» même. Celle des Grecs leur fut aussi funeste
» qu'aux Troyens ; affaiblis par leurs efforts
» et par leurs succès, ils ne purent plus résis-

» ter à leurs divisions, et s'accoutumèrent à
» cette funeste idée, que la guerre était aussi
» nécessaire aux états que la paix. Dans l'es-
» pace de quelques générations, on vit tom-
» ber et s'éteindre la plupart des maisons sou-
» veraines qui avaient détruit celle de Priam;
» et, quatre-vingts ans après la ruine de Troie,
» une partie du Péloponèse passa entre les
» mains des Héraclides, ou descendans
» d'Hercule. »

L'année de la prise de Troie fait une époque très-essentielle pour la connaissance des événemens arrivés pendant les temps fabuleux. Les opinions des auteurs anciens varient infiniment dans leur manière de la fixer. L'illustre chevalier Newton la place environ neuf cent sept ans avant l'ère chrétienne.

Ératosthène, cité par Eusèbe et Apollodore le chronographe, cité par Clément d'Alexandrie, disent que cette ville fut prise onze cent quatre-vingt-un ans avant l'ère chrétienne, quatre cent cinquante avant la fondation de Rome, et environ quatre cents ans avant la première olympiade, la dernière année du règne de Mnesthée, roi d'Athènes, et sous la judicature d'Aod. Cette dernière opinion est la plus généralement adoptée. Tout ce que nous pourrions ajouter à l'extrait du Voyage d'Anacharsis serait insuffisant, et donnerait à cet ouvrage infiniment trop d'étendue. Nous avons employé tous nos soins pour faire connaître les événemens principaux arrivés jusqu'à cette époque ; mais on nous pardonnera sans doute d'abréger notre travail, et même de nous taire, lorsque, pour l'instruction de nos lecteurs, nous les renvoyons aux chefs-d'œuvre d'Homère, de Virgile et de Fénélon.

DE L'ANTIQUITÉ DES TEMPLES.

L'antiquité des temples est incontestable ; mais on ignore dans quels temps précis les premiers furent bâtis. L'idolâtrie commença dans la Phénicie et dans l'Égypte peu de temps après le déluge. C'est dans ces deux pays qu'il faut chercher l'origine de tout ce qui concerne le culte et l'usage des temples.

Le système de l'idolâtrie n'a pas été établi tout d'un coup, et les cérémonies ne l'ont été que peu à peu. D'abord on honora les faux dieux d'une manière grossière. Les autels de pierre ou de gazon élevés au milieu des champs étaient les seuls préparatifs pour offrir des sacrifices. Les lieux fermés, les chapelles et les temples, ne furent érigés que par la suite des temps ; il paraît que les Égyptiens eux-mêmes n'en avaient point lors de

Moïse. Le silence qu'il garde sur ce point équivaut à une certitude.

Il est très-raisonnable de croire que le tabernacle que ce législateur des Hébreux fit dans le désert, et que l'on peut regarder comme un temple portatif, fut le premier connu, et servit de modèle à tous les autres. Ce temple, porté par les Israélites à la vue des nations voisines des lieux qu'ils parcoururent, a pu leur donner l'idée d'en construire chez eux. Le temple de Dagon chez les Philistins, dont parle l'Écriture, fut probablement une imitation du tabernacle et du lieu qui le renfermait. Ce qui sert à le prouver, c'est que ce temple avait des lieux cachés, qu'on nommait *Adyta*, qui répondaient aux *Sancta Sanctorum*.

Tout sert à prouver que la coutume de bâtir des temples passa des Égyptiens chez les autres peuples. Lucien dit que l'Assyrie, la Phénicie, la Syrie et autres pays d'alentour, reçurent cette coutume des Égyptiens. De l'Égypte et de la Phénicie elle passa dans la Grèce, et de la Grèce à Rome. Cette opinion est fondée sur le sentiment d'Hérodote, et sur les monumens les plus certains de l'antiquité. Deucalion fit élever les premiers temples de la Grèce, et Janus les premiers de l'Italie.

TOME II. 8

Les temples des anciens étaient composés de différentes parties, qu'il est bon de connaître pour entendre les descriptions qu'ils en font.

La première était le *vestibule*, dans lequel se trouvait la *piscine :* elle servait à contenir l'eau lustrale que les prêtres employaient à purifier et expier ceux qui voulaient entrer dans les temples; la seconde partie était la *nef;* la troisième était le *lieu saint*, dans lequel les particuliers ne pouvaient entrer; la quatrième partie, enfin, était *l'arrière-temple*. Cette dernière partie n'était pas générale pour tous les temples; mais tous avaient des portiques et des marches pour y monter. L'intérieur des temples était toujours très-orné. On y plaçait les statues des dieux, qui souvent étaient d'or, d'ivoire, d'ébène ou de quelque matière précieuse. On y plaçait aussi les statues des grands hommes. On y voyait des dorures, des peintures, surtout des *ex-voto*, tels que des proues de vaisseaux, lorsqu'on avait échappé au naufrage; les armes prises sur les ennemis, des trophées, des boucliers, des trépieds. On les recueillait dans ces temples, que l'on ornait encore de branches d'olivier ou de lierre pendant les jours de fête.

A Rome, avant de construire un temple,

les aruspices choisissaient le local où il serait bâti. On purifiait ce terrain, on l'entourait de rubans et de couronnes. Les vestales, accompagnées de jeunes filles et de jeunes garçons, lavaient cet espace avec de l'eau pure; le pontife l'expiait par un sacrifice solennel; ensuite il touchait la pierre qui devait servir de premier fondement; elle était liée d'un ruban. Après ces cérémonies, le peuple prenait cette pierre et la jetait dans la fosse avec des pièces de métal qui n'avait point passé au creuset. Lorsque l'édifice était achevé, on le consacrait avec les plus grandes cérémonies.

On ne pouvait rien ajouter au respect que les anciens avaient pour leurs temples. Arien dit qu'il était défendu d'y cracher et de se moucher. Quelquefois on y montait à genoux. Ils servaient d'asile pour les débiteurs et les coupables. Dans les calamités publiques, les femmes se prosternaient dans le lieu sacré, et le balayaient avec leurs cheveux. Quelquefois cependant lorsque les prières paraissaient insuffisantes pour arrêter le fléau, les peuples furieux perdaient tout respect et profanaient les temples.

Nous ne donnerons pas la description des temples de l'Égypte. Les plus célèbres, après celui de Bélus, dont nous parlerons bientôt, étaient celui de Jupiter à Thèbes ou Diospolis; celui d'Andera; celui de Protée à Memphis, et celui de Minerve à Saïs.

Les ouvrages des Égyptiens avaient le véritable caractère de la grandeur. Ils aimaient les figures colossales, et n'employaient que des pierres immenses, quoiqu'il fallût les tirer des carrières d'Éléphantine, ville éloignée de Saïs de vingt journées de navigation.

On peut citer pour exemple la fameuse chapelle qu'Amasis avait fait construire dans la Haute-Égypte, et qu'il fit transporter à Saïs avec des soins et des peines incalculables pour la placer dans le temple de Minerve.

Ce que j'admire le plus, dit Hérodote, parmi les ouvrages construits par l'ordre d'Amasis, c'est le temple d'une seule pierre, que deux mille pilotes et marins ne purent transporter d'Éléphantine à Saïs qu'en trois années de temps. Ce temple, ou plutôt cette chapelle, avait de face vingt-une coudées sur quatorze de largeur et huit de hauteur.

Les dimensions de cette chapelle encore existante sont, d'après M. Savary, dans ses Lettres sur l'Égypte, infiniment plus considérables que ne le dit Hérodote. L'idée que nous avons aujourd'hui des arts et des forces mécaniques se confond devant de pareils ouvrages ; et nous les rangerions au nombre des fables, si la vue de ces colosses qui ont bravé tant de siècles n'attestait leur existence.

Au reste, cette chapelle ne fut point placée dans le temple de Minerve. Hérodote assure que le sage Amasis regretta d'avoir commandé un travail si pénible, et le fit abandonner à la porte du temple, parce qu'un ouvrier avait péri devant lui. Belle leçon d'humanité, mais trop tardive !

TEMPLE DE BÉLUS.

Ce temple, le plus ancien du paganisme, était aussi le plus singulier par sa structure. Bérose, au rapport de Josèphe, en attribue la construction à Bélus ; mais, si ce Bélus est le même que Nemrod (comme il est très-vraisemblable), il voulut moins bâtir un temple qu'élever une tour pour mettre à l'abri d'un second déluge son peuple et lui. On sait de quelle manière Dieu arrêta ce dessein insensé. Cette fameuse tour, nommée tour de Babel, formait dans sa base un carré, dont chaque côté contenait un stade de longeur. (Le stade avait cent vingt toises, ce qui donnait un demi-mille de circuit.)

Tout l'ouvrage était composé de huit tours bâties l'une sur l'autre, et qui allaient toujours diminuant. Quelques auteurs, trompés par la version latine d'Hérodote, prétendent que chacun de ces étages avait un stade de hauteur, ce qui aurait porté l'élévation du tout à un mille ; mais le texte grec ne fait aucune mention de cette prodigieuse hauteur ; et Strabon, qui fait aussi la description de ce temple, ne lui donne qu'un stade de haut et un de chaque côté.

Du temps d'Hérodote, le seul des anciens qui ait vu cet édifice, le stade n'était composé que de soixante-neuf de nos toises. Cette élévation se rapproche davantage des mesures que nous pouvons concevoir. D'après cette proportion même, cette tour s'élevait de cent vingt pieds au-dessus de la plus haute des pyramides. Elle était bâtie en brique, comme nous l'apprend l'Écriture, et les rapports des anciens le confirment : on montait au haut du bâtiment par un degré tournant qui était en dehors. Ces huit tours formaient autant d'étages. On y avait pratiqué de grandes chambres soutenues par des piliers. Autour de ces grandes chambres, on en trouvait de plus petites, où se reposaient ceux qui montaient.

La chambre la plus élevée était aussi la plus ornée, et celle pour laquelle on avait le plus de vénération. Dans cette chambre, dit Hérodote, on voyait un lit superbe, une table d'or massif, et point de statues.

Jusqu'au temps de Nabuchodonosor, ce temple ne contenait que la tour et les chambres dont on vient de parler ; mais ce monarque, au rapport de Bérose, lui donna beaucoup plus d'étendue par les édifices qu'il fit bâtir autour, ainsi qu'un mur qui enfermait le tout. On y entrait par des portes d'airain, à la construction desquelles Nabuchodonosor avait employé la mer d'airain et les autres ustensiles de même métal qu'il avait enlevés de Jérusalem. Cette tour de Bélus subsistait encore au temps de Xercès. Ce monarque des Perses, après sa malheureuse expédition contre la Grèce, pilla les immenses richesses de ce temple, et le fit ensuite démolir.

Parmi les statues d'or il y en avait une de quarante pieds de haut. C'était probablement celle que Nabuchodonosor avait consacrée dans les plaines de Dura. Diodore de Sicile donne quarante pieds à cette statue ; l'Écriture Sainte lui en donne quatre-vingt-dix ;

mais on peut l'entendre de la statue et du piédestal pris ensemble.

On voyait dans le temple de Bélus plusieurs idoles d'or massif, et un grand nombre de vases sacrés du même métal, dont le poids, selon Diodore de Sicile, montait à plus de cinq mille talens. Le temple dont il parlait était celui que Nabuchodonosor avait agrandi, et auquel il avait joint la statue d'or de quarante pieds. Que l'on juge, d'après cela, de ses richesses immenses. Quant à celui dont Hérodote fait la description, il dit que, dans une chapelle basse de ce temple, était une grande statue de Jupiter, en or; mais il n'en donne ni le poids ni la mesure : il dit seulement que les Babyloniens l'estimaient huit cents talens. Le même Hérodote ajoute que, près de cette chapelle, en dehors, on trouvait un autel d'or sur lequel on n'immolait que des animaux qui venaient de naître. Près de là était un grand autel, sur lequel on brûlait tous les ans des parfums, dont le poids montait à plus de cent mille talens. Enfin, il fait mention d'une seconde statue, haute de dix-huit pieds, également en or.

Ce temple, si surprenant par sa construction et par ses richesses, était consacré à la mémoire de Bélus. L'Égypte en possédait d'autres plus anciens ; mais ils étaient érigés en l'honneur des dieux ; Hérodote cite, entre autres, celui de Vulcain, construit par Ménès, le premier qui régna dans l'Égypte après le temps où les Égyptiens prétendaient que les dieux seuls régnaient sur eux.

TEMPLE DE DIANE A ÉPHÈSE.

Ce temple, l'une des sept merveilles du monde, fut plusieurs siècles à parvenir à son dernier degré de perfection. Pline rapporte que toute l'Asie concourut à le bâtir pendant deux cent vingt ans, et qu'il fallut deux autres siècles pour l'orner et l'embellir.

Le poëte Pindare dit, dans une de ses odes, que ce temple avait été bâti par les Amazones, lorsqu'elles allèrent faire la guerre aux Athéniens et à Thésée ; mais Pausanias prouve que ce poëte se trompe, et rapporte que, très-long-temps auparavant, les mêmes Amazones, défaites d'abord par Hercule, étaient venues se réfugier à Éphèse dans le temple de Diane, et l'avaient choisi pour asile depuis qu'elles avaient fui les bords du Thermodon.

Nous allons donner la description que Pline en a faite.

Dans l'espoir de garantir ce temple des tremblemens de terre, on le bâtit dans un lieu marécageux ; mais, pour donner de la solidité aux fondemens d'un édifice si considérable, et pour raffermir le terrain détrempé par les eaux, on se servit de charbon pilé, sur lequel on étendit des peaux de moutons garnies de leur laine.

Ce temple avait quatre cent vingt-cinq pieds de longueur sur deux cents de largeur. Cent vingt-sept colonnes, qui soutenaient l'édifice, avaient été données par autant de rois, et avaient chacune soixante pieds d'élévation. Trente-six de ces colonnes étaient ciselées : une, entre autres, l'était par le célèbre Scopas.

Chersiphron fut le premier architecte de ce temple prodigieux ; on remarquait surtout la grandeur des architraves qu'il employa ; et, quelque perfectionnée que soit aujourd'hui la mécanique, elle ne pourrait probablement point parvenir à élever aussi haut des masses aussi pesantes. Chersiphron et son fils ne purent achever ce magnifique ouvrage. D'autres architectes leur succédèrent, et suivirent leurs dessins : il ne parvint à sa perfection qu'après un espace de deux cent vingt ans. Tous les rois et tous les peuples de l'Asie s'empressèrent à enrichir ce temple. Il fut brûlé par Érostrate, comme nous l'avons déjà dit à l'article de Diane.

TEMPLE DE JUPITER OLYMPIEN.

Ce temple, et la statue de Jupiter, chef-d'œuvre de l'immortel Phidias, étaient le fruit des dépouilles que les Éléens avaient remportées sur les Pisans et sur leurs alliés, lorsqu'ils prirent et saccagèrent la ville de Pise.

Ce temple eut pour architecte Libon, originaire du pays. Il était d'ordre dorique, environné de colonnes en dehors. On avait employé pour cet édifice des pierres d'une nature et d'une beauté singulières; le pays même les fournissait. La hauteur du temple, depuis le rez-de-chaussée jusqu'à sa couverture, était de soixante-huit pieds; la longueur était de deux cent trente, et la largeur de quatre-vingt-quinze. Les tuiles de la couverture étaient de très-beau marbre tiré du mont Pantélique.

L'antiquité n'eut jamais rien de plus magnifique et de plus parfait que le trône et la statue de Jupiter Olympien. L'un et l'autre, formés avec de l'or et de l'ivoire, étaient l'ouvrage le plus accompli de l'illustre Phidias, le plus célèbre de tous les sculpteurs antiques et modernes. Ils s'élevaient depuis le pavé jusqu'à la voûte, et l'on ne pouvait les regarder sans être frappé d'étonnement et d'admiration. Il serait impossible de décrire toutes les richesses que ce temple renfermait et toutes les beautés que l'on y remarquait.

Le pavé du temple était du plus beau marbre, et dans l'intérieur on voyait un nombre infini de statues. Les rois, les peuples et les artistes les plus célèbres, s'empressaient également d'y envoyer des monumens de leur magnificence et de leurs talens.

TEMPLE D'APOLLON A DELPHES.

Ce temple n'égalait point par sa structure celui de Jupiter Olympien ; mais il était encore plus riche par les immenses présens qu'on y envoyait de toutes parts. Aucun de ses ornemens cependant ne pouvait être comparé au trône et à la statue de Jupiter Olympien.

Une caverne d'où sortaient quelques exhalaisons qui causaient une sorte d'ivresse à ceux qui s'en approchaient, donna, comme nous l'avons dit précédemment, naissance à l'oracle de Delphes. On commença par couvrir cette caverne avec des branches de lauriers ; une chapelle succéda, et peu de temps après on y bâtit un temple de cuivre, à l'imitation sans doute de la chambre d'airain dans laquelle Acrisius avait fait enfermer sa fille Danaé. Ce temple fut détruit par un tremblement de terre ; il fut englouti dans une crevasse. On le remplaça par un autre édifice, dont Agamède et Trophonius furent les architectes. Les flammes consumèrent ce nouveau temple dans la première année de la cinquante-huitième olympiade. Enfin le dernier, qui subsistait encore au temps de Pausanias, était infiniment supérieur aux anciens, et avait été construit par les soins des Amphictyons, avec les deniers et les dons que les peuples avaient destinés pour cet usage.

Pour avoir une idée des richesses qu'il pouvait réunir, il faut observer qu'en allant consulter l'oracle on espérait y puiser des connaissances sur l'avenir ; et l'on n'obtenait aucune réponse, si l'on n'avait point d'abord fait un présent considérable qui pût servir à l'ornement du temple. Que l'on juge du nombre des offrandes, en se rappelant l'inquiétude si naturelle que porte l'homme au fond de son cœur, et l'avidité avec laquelle il cherche à prévoir le sort qui l'attend.

Tout fut grand dans les motifs qui firent construire le temple de Jupiter Olympien. On voulut que l'édifice pût donner une idée de la majesté divine. On employa tout ce que les arts réunissaient de plus sublime ; et le génie de Phidias ayant en quelque sorte fixé les convenances et le goût, on n'osa placer à côté de ses chefs-d'œuvre que les ouvrages qui semblaient s'en rapprocher le plus. C'est ainsi que l'exemple d'un grand homme suffit souvent pour entraîner son siècle et l'éclairer.

Dans le temple de Delphes, toutes les passions, toutes les curiosités, toutes les inquiétudes, étaient admises à présenter leurs offrandes. Elles durent se multiplier à l'infini, car rien n'était refusé ; mais presque toutes durent avoir l'empreinte minutieuse et sans accord, qui ne se sépare jamais de l'intérêt personnel et des petites passions.

PANTHÉON DE ROME.

Rome et l'Italie n'avaient pas moins de temples que la Grèce. Plusieurs étaient remarquables par leur magnificence ou leur singularité. Celui de Jupiter, sur le Capitole, était au nombre des plus beaux ; mais le plus superbe et le plus solidement bâti était le Panthéon, nommé vulgairement la Rotonde. Il subsiste encore aujourd'hui dans son entier, sous le nom de l'*Église de tous les Saints*, auxquels il est consacré, comme dans le temps du Paganisme il l'était à tous les dieux.

On croit le plus généralement qu'il fut bâti par les soins et aux frais d'Agrippa, gendre d'Auguste. Quelques auteurs cependant le croient plus ancien, et disent qu'Agrippa, après l'avoir fait réparer, y fit ajouter le portique, qui en fait encore aujourd'hui le plus bel ornement.

Une ouverture au milieu de la voûte, très-ingénieusement imaginée, suffit pour éclairer tout l'intérieur du temple. La forme du Panthéon est ronde ; il paraît que l'architecte a voulu lui donner la forme du globe de la terre, et un très-grand nombre de temples antiques avaient cette forme, pour le même motif.

Le portique, plus surprenant et plus beau que le temple même, est composé de seize colonnes de marbre. Chacune de ces colonnes est d'un seul bloc. Leur hauteur est de trente-sept pieds, et leur diamètre de cinq pieds. Huit colonnes ornent le devant du portique, et l'enfoncement est contenu par huit autres colonnes. On a suivi partout l'ordre corinthien.

Du temps du pape Eugène, on trouva près de cet édifice une partie de tête en bronze représentant Agrippa. On trouva en même temps un pied de cheval et un morceau de roue du même métal. Cette découverte fait présumer qu'autrefois ce portique soutenait la statue d'Agrippa, placée sur un char à quatre chevaux.

Le corps de l'édifice, qui subsiste encore en entier, est posé sur des fondemens si solides, que rien jusqu'à présent n'a pu l'ébranler. Un manuscrit d'un célèbre architecte romain atteste que les fondations s'étendent fort au delà de l'édifice, et semblent ne former qu'une seule masse de pierre.

On n'y voit plus les statues et les richesses qui l'ornaient autrefois. L'empereur Constance III enleva les plaques de bronze doré qui couvraient toute la voûte, et le pape Urbain VIII se servit des poutres de même métal que l'on y voyait, pour en faire faire le baldaquin de Saint-Pierre de Rome, et les grosses pièces d'artillerie qui sont au palais Saint-Ange. Les statues des dieux, qui remplissaient les niches, ont été pillées ou cachées sous terre.

Lorsque le célèbre Michel-Ange eut bien

étudié l'ensemble du Panthéon, son génie s'indigna de ce qu'on regardait ce monument comme le plus grand effort de l'architecture. Il dit à ceux qui l'admiraient : J'élèverai sur quatre piliers ce temple qui vous étonne ; et ce fut alors qu'il conçut le plan de la fameuse coupole de Saint-Pierre de Rome. On assure que cet homme extraordinaire, également grand peintre, grand architecte et grand sculpteur, fit un testament, dans lequel il déclara n'avoir donné aux piliers qui portent la coupole, que la force nécessaire pour la soutenir ; annonçant que, si jamais on altérait la force de ces piliers, l'ouvrage serait menacé de tomber en ruines.

Le chevalier Bernin, qui long-temps après aspirait à se montrer l'égal de Michel-Ange, regarda ce testament comme une forfanterie ; et cet artiste téméraire, abusant du crédit que lui avaient fait obtenir quelques-uns de ses ouvrages, fit creuser dans ces piliers des escaliers très-étroits et très-inutiles. C'est à cet essai téméraire que l'on attribue les grandes lézardes qui sont aujourd'hui dans la grande voûte. Il a fallu la relier avec d'immenses barres de fer, et tout fait craindre que le calcul du génie ne soit vérifié. Rien ne prouve mieux combien il est dangereux d'accorder quelque confiance aux présomptueuses promesses de la rivalité. L'église de Saint-Paul de Londres est l'un des plus beaux monumens du monde, après celle de Saint-Pierre de Rome.

Tels sont les temples les plus célèbres dont la mémoire se soit conservée parmi les hommes. Le temple, ou plutôt la tour de Bélus, est, sans aucune contestation, le monument le plus ancien, le plus extraordinaire. Il existait avant le temple de Vulcain Égyptien. Hérodote, en donnant la description de ce dernier temple, dit qu'il fut l'ouvrage d'un grand nombre de rois, et qu'il était si considérable, que c'était une grande gloire, lorsque, dans un long règne, un prince avait pu faire construire un seul portique.

DES ORACLES.

Van-Dale a fait un traité très-savant, dans lequel il s'efforce à prouver que les oracles n'ont d'autre origine que la fourberie des prêtres. M. de Fontenelle, avec son discernement, son charme et sa grâce ordinaires, a dégagé ce traité de tous les détails étrangers ou trop scientifiques, et l'a mis à portée d'être lu par toutes les classes de lecteurs.

Le système de Van-Dale et la seule origine qu'il donne aux oracles, contrariant en tout point la tradition constante de l'Église, le père Baltus, jésuite, a fait un second traité, non moins savant que celui de Van-Dale, dans lequel, sans nier l'imposture des prêtres, qui fut souvent mêlée dans les oracles, il prouve d'une manière également claire et solide l'intervention du démon dans les prédictions que tous les efforts de l'incrédulité ne sauraient attribuer à la seule fourberie.

Sans approfondir laquelle de ces deux opinions est la préférable, il se présente beaucoup de réflexions propres à renverser le système de Van-Dale.

Les oracles auraient-ils pu conserver si long-temps leur crédit et leur éclat, s'ils n'avaient été que le résultat de la fourberie? L'imposture se dément à la longue; on ne peut soutenir éternellement un mensonge, et si l'on peut tromper pendant long-temps quelques particuliers faibles et crédules, on ne trompe point pendant plusieurs siècles des peuples entiers. Le pouvoir d'un roi, la curiosité d'un homme riche, l'indiscrétion, l'infidélité d'un prêtre, la jalousie qui devait naître entre les oracles consultés et ceux que l'on semblait mépriser, la dureté de quelques réponses; les sacrifices horribles que commandaient souvent les oracles, n'étaient-ce donc point là des moyens suffisans pour ramener tôt ou tard à la vérité? Quel est donc ce concert inconnu jusqu'à présent qui tient contre l'intérêt personnel, et réunit tant de fourbes pour leur faire si religieusement observer un secret?

Ces questions suffiront pour démontrer à nos lecteurs qu'un homme sage peut croire à la vérité de quelques oracles, sans être forcé pour cela de contrarier ou d'écarter les lumières ordinaires de sa raison. Nous nous bornerons à ces réflexions, et nous allons chercher à connaître quels étaient les premiers oracles.

Thémis, Jupiter et Apollon, rendaient seuls autrefois des oracles; mais, par la suite, presque tous les dieux et un grand nombre de héros obtinrent ce privilége.

Tous les jours n'étaient pas égaux pour consulter les oracles. A Delphes, la Pythie ne répondait au nom d'Apollon que pendant un mois de l'année. Cette méthode changea par la suite, et le dieu ne parlait plus alors que pendant un seul jour de chaque mois. Les oracles ne se rendaient pas tous de la même manière. Quelquefois la prêtresse parlait au nom du dieu: d'autrefois le dieu lui-même proférait ses réponses. Dans quelques lieux on les recevait pendant le sommeil, et ce sommeil était préparé par des dispositions mystérieuses; dans d'autres, on jetait des sorts, comme à Préneste, en Italie. Souvent, pour se rendre digne de l'oracle, il fallait des jeûnes, des sacrifices, des expiations; cependant, lorsque Alexandre alla dans la Libye consulter Jupiter Ammon, le prêtre, en le voyant, l'appela fils de Jupiter : c'était le seul but de son voyage.

L'impossibilité de donner l'histoire de tous les oracles nous détermine à faire connaître seulement les plus anciens et les plus célèbres.

ORACLE DE DODONE.

Au rapport d'Hérodote, l'oracle de Dodone, le plus ancien de la Grèce, et celui de Jupiter Ammon, dans la Libye, ont la même origine, et doivent l'un et l'autre leur établissement aux Égyptiens. Nous allons donner l'explication de ce trait historique.

Deux colombes s'envolèrent de la ville égyptienne de Thèbes. L'une d'elles alla dans la Libye, et l'autre vola jusqu'à la forêt de Dodone, placée dans la Chaonie, province de l'Épire; elle apprit aux habitans que le grand Jupiter voulait établir un oracle dans leur pays. Ce prodige étonna d'abord ; mais bientôt un grand nombre de crédules consultans, se présentèrent. Ces deux colombes, dit Servius, avaient été données par Jupiter à sa fille Thébé ; elles avaient le don de la parole.

Hérodote a cherché quel événement avait pu donner lieu à cette fiction. Deux prêtresses de Thèbes, dit cet auteur, furent enlevées par des marchands phéniciens ; l'une d'elles fut conduite en Grèce. Le hasard, ou quelque cause oubliée, lui fit établir sa demeure dans la forêt de Dodone, où l'on allait alors recueillir le gland qui servait de nourriture aux anciens Grecs. Elle fit construire au pied d'un chêne une petite chapelle en l'honneur de Jupiter, dont elle avait été prêtresse à Thèbes. Hérodote ajoute que l'on donna le nom de colombe, *Peleiai*, à cette femme. Personne d'abord ne comprenait son langage ; et, lorsque enfin l'on parvint à distinguer ce qu'elle disait, on publia que la colombe, ou Peleiai, avait parlé. Telle fut l'origine du fameux oracle de Dodone.

Servius confirme le récit d'Hérodote, et rapporte qu'il y avait dans la forêt de Dodone une fontaine qui coulait avec un doux murmure, au pied d'un chêne ; une femme interprêtait ce bruit, et, sur ce murmure, annonçait l'avenir à ceux qui venaient la consulter. Par la suite, on mit plus d'artifice dans la manière de rendre cet oracle. On suspendit quelques chaudrons de cuivre auprès d'une statue de même métal, qui tenait un fouet à la main, et qui était également suspendue. Lorsque le vent ébranlait cette figure, elle frappait le chaudron le plus proche, et le mettait en mouvement; tous les autres alors étaient ébranlés, et rendaient un son qui durait assez long temps : c'était sur ce bruit qu'on annonçait l'avenir.

On voulut encore augmenter le crédit de l'oracle : des chênes creux servirent à cacher des interprètes; et l'on publia que les chênes de la forêt de Dodone rendaient aussi leurs oracles. La poutre du navire Argo, que les Argonautes consultaient, avait été tirée de cette forêt.

ORACLE D'AMMON.

La seconde prêtresse enlevée par les Phéniciens fut conduite dans la Libye. Cette étrangère surprit d'abord : on voulut l'interroger; on n'entendit point son langage : elle pratiqua quelques cérémonies de son ancien ministère ; on lui attribua quelque chose de divin, et probablement elle sut tirer avantage des hommages qu'on lui rendait. bientôt ses réponses passèrent pour des oracles, et bientôt sa célébrité devint si grande, qu'on venait la consulter de toutes parts, malgré les dangers d'un aussi pénible voyage. Les sables brûlans de la Libye ne furent plus un obstacle assez puissant pour modérer l'inquiète et active curiosité des hommes sur l'avenir.

Des prêtres succédèrent à cette femme, et s'emparèrent du soin de rendre les oracles. Ils représentèrent Jupiter Ammon avec une tête de bélier et des cornes. Quatre-vingts prêtres de ce dieu portaient sa statue sur leurs épaules, dans un navire doré ; ils ne tenaient aucune route certaine, et laissaient croire que le dieu les poussait. Une nombreuse troupe de jeunes filles et de dames accompagnait ces prêtres, et chantait des hymnes à l'honneur de Jupiter. Le navire était orné d'un grand nombre de patères d'argent qui pendaient des deux côtés. Les prêtres annonçaient les décisions de leur Ammon, sur quelque mouvement ou quelque signe de la statue. Ces descriptions nous ont été transmises par Quinte-Curce et par Diodore de Sicile.

Quelquefois les prêtres d'Ammon se montraient incorruptibles. Lysandre, ayant voulu faire changer l'ordre de succession au trône à Sparte, essaya tous les moyens de corruption pour obtenir les réponses qu'il désirait ; les prêtres de Jupiter envoyèrent à Sparte une ambassade solennelle pour former contre lui une accusation publique.

Ces mêmes prêtres, cependant, prévinrent en quelque sorte la vanité d'Alexandre, et le saluèrent comme fils de Jupiter aussitôt qu'ils l'aperçurent ; mais Alexandre était déjà couvert de gloire, et tout obéissait à sa puissance.

ORACLE DE DELPHES.

L'oracle de Delphes n'a pas été le plus ancien de la Grèce; mais il a été le plus célèbre, et celui qui a duré le plus long-temps. Le temps auquel il fut établi n'est pas connu, ce qui prouve sa grande antiquité. Nous avons déjà rapporté, à l'article de Diane, comment il fut découvert. Apollon n'y fut pas d'abord consulté ; Eschyle, dans sa tragédie des Euménides, dit que la Terre d'abord y rendit des oracles, ensuite Thémis, et après elle Phœbé, fille de la Terre et mère de Latone. Cette dernière transmit ses droits à son petit-fils Apollon, et depuis ce temps l'oracle de Delphes ne parla plus qu'au nom de ce dieu.

Dans les premiers temps de la découverte de cet oracle, tout le monde, sans aucune distinction, pouvait être inspiré. La vapeur de la caverne agissait sur tous ceux qui la respiraient; mais plusieurs de ces frénétiques, dans l'excès de leur fureur, s'étant précipités dans l'abîme, on chercha les moyens de remédier à cet accident assez fréquent.

On dressa sur l'ouverture de la terre une machine, que l'on nomma *trépied*, parce qu'elle avait trois barres posées sur le roc. Une femme se plaçait sur cette espèce de chaise, et recevait les exhalaisons sans aucun risque.

Cette prêtresse reçut le nom de Pythie, à cause du serpent Python, tué par Apollon. De jeunes filles encore vierges, et choisies avec les plus grandes précautions, exerçaient ce ministère. On prenait ordinairement la Pythie dans une maison pauvre; elle devait avoir vécu sans luxe, sans amour de la parure. La plus extrême simplicité et l'ignorance même de toutes choses étaient des titres de préférence pour parvenir à cette dignité. Il suffisait que la Pythie pût répéter ce que le dieu lui dictait. La coutume de choisir de jeunes vierges dura très-long-temps; un événement la fit abolir. Le jeune Échécratès, Thessalien d'origine, épris de l'extrême beauté de la Pythie, l'enleva. Le peuple de Delphes, pour prévenir de pareils attentats, ordonna, par une loi expresse, qu'à l'avenir on n'élirait que des femmes au-dessus de cinquante ans.

Il n'y avait d'abord qu'une seule Pythie; mais, dans la suite il y en eut jusqu'à trois.

Les oracles ne se rendaient pas tous les jours. Apollon n'inspirait ordinairement la Pythie que dans le mois *Busion*, qui répondait au commencement du printemps. Pendant le reste de l'année, il était défendu, sous peine de la vie, à la prêtresse, d'aller consulter Apollon.

Alexandre, avant son expédition de l'Asie, vint à Delphes pendant le temps du silence. Il pria la Pythie de monter sur le trépied; elle refusa, et allégua la loi qui l'en empêchait. Ce prince, indigné d'être arrêté par un pareil obstacle, arracha de force la prêtresse de sa cellule, et la conduisit lui-même au sanctuaire, lorsqu'elle s'avisa de lui dire : *Mon fils, tu es invincible*. A ces mots, Alexandre s'écria qu'il ne voulait point d'autre oracle; et il marcha à la conquête du monde.

Avant de consulter l'oracle, on faisait de nombreux sacrifices, toujours avec l'air du plus grand mystère, et avec des précautions infinies pour choisir les victimes, inspecter les entrailles et en tirer des augures. La prêtresse se préparait par un jeûne de trois jours. Avant de monter sur le trépied, elle se baignait dans la fontaine de Castalie ; ensuite on lui faisait mâcher des feuilles de laurier cueillies auprès de cette fontaine.

Après ces préparations, Apollon avertissait lui-même de son arrivée dans le temple par une secousse épouvantable, qui faisait trembler l'édifice jusque dans ses fondemens. Alors les prêtres, que l'on nommait aussi les prophètes, prenaient la Pythie, la conduisaient dans le sanctuaire, et la plaçaient sur le trépied. Dès que la vapeur divine commençait à l'agiter, ses cheveux se dressaient sur sa tête, son regard devenait farouche, sa bouche écumait, et un tremblement violent s'emparait de tout son corps. Dans cet état, elle faisait des efforts pour échapper aux prophètes qui la retenaient par force. Ses cris, ses hurlemens faisaient retentir le temple, et remplissaient les assistans d'une sainte frayeur. Enfin, ne pouvant plus résister au dieu qui l'agitait, elle s'abandonnait à lui, et proférait par intervalles quelques paroles mal articulées, que les prophètes recueillaient avec soin; il les arrangeaient et leur donnaient, avec la forme du vers, une liaison qu'elles n'avaient pas dans la bouche de la prêtresse.

Dès que l'oracle était prononcé, on retirait la Pythie du trépied, pour la conduire dans sa demeure, où elle était plusieurs jours à se remettre de ses fatigues. Souvent une mort prompte était la peine ou le prix de son enthousiasme.

La Pythie n'était que l'instrument dont les prêtres se servaient pour découvrir la volonté d'Apollon. Les prêtres ou prophètes étaient chargés de tous les autres soins. C'étaient eux qui plaçaient la prêtresse de manière à recevoir la vapeur qui s'exhalait de l'abîme que couvrait le trépied. Ils recueillaient ses paroles, et les donnaient aux poëtes, autre sorte de ministres, qui les mettaient en vers. Ces vers étaient souvent durs, mal faits, et toujours obscurs, ce qui avait donné lieu à la raillerie qu'Apollon, chef des muses, faisait de très-mauvais vers. Quelquefois la Pythie faisait elle-même ses réponses en vers; on cite la prêtresse *Phémonoé*. Par la suite, on se contenta de parler en prose; et Plutarque observe que ce fut une des causes de la décadence de l'oracle.

ORACLE DE TROPHONIUS.

Quoique Trophonius ne fût qu'un héros, et même, selon quelques auteurs, un brigand, il eut un oracle très-fameux dans la Béotie. Pausanias, qui a pratiqué toutes les cérémonies nécessaires pour consulter cet oracle, ne nous apprend rien sur la vie de Trophonius; il dit seulement que la terre s'étant entr'ouverte sous ses pieds, il fut englouti dans la fosse que l'on nomme encore aujourd'hui la fosse d'Agamède, et qui se voit dans un bois sacré de Lébadée, avec une colonne élevée au-dessus.

Lébadée, dit Pausanias, est une des villes les plus ornées de la Grèce. On trouve auprès de cette ville un bois sacré; et c'est dans ce bois qu'est le temple de Trophonius, avec sa statue, ouvrage de Praxitèle.

Lorsqu'on vient consulter cet oracle, avant de descendre dans l'antre où l'on reçoit la réponse, il faut passer quelques jours dans une chapelle dédiée au bon Génie et à la Fortune. Ce temps est employé à se purifier. On ne peut se laver que dans les eaux froides du fleuve Hercine. On sacrifie ensuite à Trophonius, à sa famille, à Jupiter roi, à Saturne et à Cérès Europe, nourrice de Trophonius.

Après ces préparatifs, on montre la statue de Trophonius au consultant, on l'entoure de bandelettes sacrées, et on le conduit à l'oracle.

Il monte sur une montagne, au sommet de laquelle se trouve une enceinte formée de pierres blanches, et sur laquelle s'élèvent des obélisques d'airain. Dans cette enceinte paraît une caverne taillée de main d'homme, ayant la forme d'un four. Là se voit un trou assez étroit, dans lequel on descend par degré avec de petites échelles. Une seconde caverne se présente; il faut se coucher à terre, et tenir dans chaque main une composition de miel nécessaire à porter; on passe les pieds dans la seconde caverne, et aussitôt l'on est emporté avec beaucoup de force et de vitesse.

C'était là que l'avenir se déclarait, mais non pas à tous de la même manière : les uns entendaient, d'autres voyaient. On sortait de l'antre comme on y était entré, en se couchant à terre, et les pieds les premiers. Aussitôt l'on demandait au consultant ce qu'il avait vu; on le ramenait encore tout étourdi dans la chapelle du bon Génie; on lui laissait reprendre ses sens; ensuite il écrivait sur un tableau ce qu'il avait vu ou entendu, et les prêtres alors servaient d'interprètes.

Pausanias ajoute qu'un seul homme était entré dans cet antre sans en ressortir. C'était un espion de Démétrius, envoyé pour savoir si ce lieu ne contenait pas des trésors. Son corps fut trouvé loin de là. Les prêtres, probablement instruits de son dessein, le massacrèrent, et firent sortir son corps par l'issue dont ils se servaient eux-mêmes pour entrer sans être aperçus. Pausanias dit positivement : *Je suis descendu dans l'antre, et j'ai consulté l'oracle pour m'assurer de la vérité.*

On ignore dans quel temps l'oracle de Trophonius fut établi. Pausanias dit seulement qu'une grande sécheresse ayant désolé la Béotie, on envoya consulter l'oracle de Delphes. La Pythie répondit qu'il fallait recourir à Trophonius, et le chercher à Lébadée. Les députés obéirent. Saon, le plus agé d'entre eux, aperçut un essaim d'abeilles; il les vit voler vers un antre; il les suivit, et découvrit ainsi l'oracle. Trophonius, dit Pausanias, prescrivit lui-même le culte qu'il désirait. Il paraît, d'après ce récit, que Saon fut instituteur de cet oracle, et profita de l'occasion de la sécheresse et de la réponse de la Pythie pour obtenir la confiance générale.

DES AUTRES ORACLES.

Nous venons de faire connaître les oracles les plus célèbres Il serait impossible de les nommer tous. Dans la seule Béotie, province très-petite, on en comptait au moins vingt-cinq. Il est vrai qu'elle était couverte de bois et de montagnes, lieux très-propres (observe M. de Fontenelle) aux cérémonies mystérieuses des oracles. Presque tous les dieux et le plus grand nombre des demidieux et des héros avaient leurs oracles, aucun des dieux cependant n'en avait un aussi grand nombre qu'Apollon. Tous n'étaient pas de la même antiquité : chaque jour il en paraissait de nouveaux, tandis que de plus anciens se discréditaient. Souvent on les pillait. Celui de Delphes, entr'autres, fut dépouillé plusieurs fois : d'abord par un brigand descendu des Phlégréens, par les Phocéens, par Pyrrhus, par Néron, et enfin par les chrétiens. Lorsque la religion chrétienne eut triomphé de l'idolâtrie, les oracles tombèrent, et l'on trouva dans les antres et les cavernes les marques de l'imposture des ministres qui les faisaient parler.

Nous nous bornerons à citer quelques réponses singulières des oracles.

Crésus, mécontent de l'oracle de Delphes, quoiqu'il l'eût comblé de présens, voulut le surprendre. Il envoya demander à la Pythie ce qu'il faisait dans le temps même que son envoyé la consultait. Elle répondit sur-le-champ qu'il faisait cuire alors un agneau avec une tortue. Le fait était vrai; Crésus avait imaginé ce ragoût bizarre, dans l'espérance de l'embarrasser. La réponse de la Pythie lui rendit toute sa crédulité, et les présens redoublèrent.

Un gouverneur de Cicilie, dit Plutarque, voulut envoyer un espion chez les dieux. Il donna à son émissaire un billet bien cacheté pour le donner à Maléc, où était l'oracle de Mopsus. L'envoyé coucha dans le temple, et vit un homme qui lui dit : *Noir*. Il porta cette réponse, qui d'abord parut ridicule. Le gouverneur alors décacheta le billet et montra qu'il avait écrit ces mots : *T'immolerai-je un taureau blanc ou noir.*

Une prêtresse de Dodone fit une réponse qui lui devint funeste. Elle dit aux Béotiens qui la consultaient : Vous serez vainqueurs si vous agissez en impies. Les envoyés s'emparèrent de cette femme, et la firent brûler vive, disant que, si elle avait voulu les tromper, ils voulaient la punir; et que, si elle avait dit la vérité, ils voulaient par-là s'assurer de la victoire. On saisit les envoyés, mais on n'osa les punir sans jugement. On leur donna pour juges deux prêtresses et deux hommes. Les deux prêtresses les condamnèrent, les deux hommes furent d'un avis contraire, et ils furent absous.

DES SIBYLLES.

Les anciens donnèrent le nom de Sibylles à un certain nombre de filles qu'ils croyaient avoir été douées du don de prédire l'avenir. Les savans ne sont pas d'accord sur l'origine de ce nom : ils doutent s'il est hébreu, africain ou grec; mais le plus grand nombre croit que ce mot dérive du grec, et signifie *inspiré*. Toute l'antiquité se réunit pour attester l'existence des Sibylles. On dispute sur leur nombre, leur pays, leurs noms et le temps où elles ont vécu; et ces disputes même prouvent qu'elles ont existé. Varron, le plus savant des Romains, nomme dix Sibylles; il cite les auteurs anciens qui en ont parlé. Nous suivrons l'opinion de Varron, et l'ordre qu'il se prescrit à lui-même en les nommant.

1°. La Persique. On la nommait Sambèthe; et, dans les vers sibyllins supposés, elle se dit bru de Noé.

2°. La Libyenne. On la disait fille de Jupiter et de Lamia. Elle voyagea à Claros, à Delphes, à Samos et en plusieurs autres pays

3°. La Delphique, fille de Tirésias. Après la prise de Thèbes, elle fut consacrée par les Épigones dans le temple de Delphes. Diodore dit qu'elle était souvent éprise d'une fureur divine ; ce qui lui fit donner le nom de Sibylle

4°. La Sibylle de Cumes ou la Cumée Elle fut la plus célèbre de toutes. Un savan de nos jours, M. Petit, croit qu'elle a seule existé. Il appuie son opinion en disant que tous les vers des Sibylles ont été écrits en grec ; ce qui n'aurait point eu lieu si les Sibylles avaient été de différens pays. M. Peti croit que cette fille mystérieuse a beaucoup voyagé, et que l'on a attribué ses actions e ses voyages à plusieurs personnes. Cette observation de M. Petit ne peut détruire l'opinion des anciens, et surtout celle de Varron. 1°. Rien ne prouve que toutes les Sibylles ont parlé grec. 2°. Ne peut-on pas avoi traduit en grec leurs prédictions, que l'on recueillait avec autant de soin que les oracle de la Pythie ?

Quoi qu'il en soit, voici ce que la fable mêlée avec l'histoire, nous apprend sur cett Sibylle.

On l'appelait Déiphobe. Elle était fille d

Glaucus et prêtresse d'Apollon. Ce dieu voulut la rendre sensible, et lui promit de lui accorder la demande qu'elle lui ferait. Elle désira de vivre autant d'années qu'elle tenait de grains de sable dans sa main ; elle oublia, malheureusement pour elle, de demander en même temps de conserver toujours la fraîcheur de la jeunesse. Apollon cependant lui offrit cet avantage, si elle voulait couronner son amour ; mais Déiphobe préféra la gloire d'une éternelle chasteté au plaisir de jouir d'une éternelle jeunesse, de sorte que la triste et languissante vieillesse vint succéder à ses belles années ; et du temps d'Énée, elle disait avoir déjà vécu sept cents ans. Elle avait encore trois cents ans à vivre ; après quoi, son corps étant dévoré par le temps, il ne devait plus lui rester que la voix, que le destin lui laisserait éternellement.

Cette fable était fondée sur la longue vie que l'on attribuait aux Sibylles ; celle de Cumes, que l'on croyait inspirée par Apollon, rendait ses oracles du fond d'un antre placé dans le temple de ce dieu. Cet antre avait cent portes, d'où sortaient autant de voix terribles, qui faisaient entendre les réponses de la prophétesse. Elle était aussi prêtresse d'Hécate, et les bois sacrés de l'Averne étaient sous sa garde.

Les vers de cette Sibylle furent conservés par les Romains avec le plus grand soin, et furent tenus sous le secret. Un collége de quinze personnes, nommées les Quindécemvirs des Sibylles, veillait à la conservation de cette collection.

On ajoutait tant de foi aux prédictions des Sibylles, que jamais on n'entreprenait une guerre importante sans les consulter. Pendant les séditions, les malheurs, tels qu'une défaite, une peste, une famine, on recourait toujours aux vers sibyllins : c'était un oracle permanent, aussi souvent consulté par les Romains que celui de Delphes l'était par les Grecs.

Quant aux autres oracles des Sibylles que l'on avait recueillis, la politique et l'ambition savaient les employer à favoriser leurs projets. Jules César, dictateur perpétuel et maître absolu de Rome, voulut donner encore plus d'éclat à sa puissance, en se faisant proclamer roi. Ses partisans publièrent un oracle sibyllin, par lequel il était dit que les Parthes ne pourraient être assujettis que par un roi. Le peuple romain se préparait à lui accorder ce titre, et le sénat devait en rendre le décret, le jour même que César fut assassiné.

Les Romains élevèrent un temple à la Sibylle de Cumes, et l'honorèrent comme une divinité, dans le lieu même où elle avait rendu ses oracles.

5°. La cinquième Sibylle était l'Érythréenne, ou Érythrée, qui prédit le succès de la guerre de Troie, dans le temps que les Grecs s'embarquaient pour cette expédition.

6°. La Samienne, ou de Samos, dont les prophéties se trouvent dans les anciennes annales des Samiens.

7°. La Cumane, née à Cumes, dans l'OElide. Elle se nommait Démophile, ou Hérophile, et quelquefois même Amalthée. Ce fut elle qui vendit le recueil des vers sibyllins à Tarquin l'Ancien. Il consistait en neuf livres ; Hérophile en demanda trois cents pièces d'or, qui furent refusées. Elle jeta trois de ces livres au feu, et persista à demander le même prix. Tarquin balança. La Sibylle aussitôt brûla trois autres livres, et demanda les trois cents pièces d'or pour ce qui restait. Tarquin craignant alors qu'elle ne brûlât les trois derniers, lui donna la somme qu'elle demandait. Après que ce roi en eut fait l'acquisition, il en confia la garde à deux prêtres particuliers, nommés Duumvirs, dont le ministère se bornait à la garde de ce dépôt sacré. On y attacha ensuite la fonction de célébrer les jeux séculaires. Ces livres étaient consultés dans les grandes calamités de l'état :

mais il fallait un arrêt du sénat pour y recourir, et les Duumvirs ne pouvaient les laisser voir à personne, sous peine de mort.

Ce premier recueil d'oracles sibyllins périt dans l'incendie du Capitole, sous la dictature de Sylla. Le sénat, pour réparer cette perte, envoya dans divers endroits, à Samos, à Érythrée, dans la Grèce et dans l'Asie, pour recueillir ce que l'on pourrait retrouver de vers sibyllins. Les nouveaux livres furent déposés au Capitole; mais, comme il y en avait beaucoup d'apocryphes, on n'y eut plus autant de foi. Ce fut pour veiller à cette seconde collection que l'on forma le collége des Quindécemvirs des Sibylles.

On ne sait quel fut le sort de cette seconde collection. Il en reste une troisième qui contient huit livres. Elle renferme plusieurs des anciennes prédictions ; mais tous les critiques la regardent comme un mélange bizarre qui ne mérite aucune confiance. On y trouve les mystères de la rédemption, les miracles du Sauveur, sa passion, sa mort, la création du monde, du paradis terrestre. Dans ce recueil, la Sibylle, après avoir parlé le langage d'Isaïe et des évangélistes, fait mention de ses galanteries avec Apollon. Elle parle de Loth, et se dit chrétienne. Elle recommande le culte des faux dieux, ordonne des sacrifices de victimes humaines, et prédit ensuite les malheurs qui menacent les Romains s'ils n'abandonnent point le culte des idoles pour embrasser la religion chrétienne. Tout se réunit pour démontrer que cette troisième collection n'était point l'ouvrage des Sibylles, mais un amas bizarre, recueilli par une dévotion mal entendue et très-ignorante.

8°. L'Hellespontine, née à Marpèze, dans la Troade; elle avait prophétisé du temps de Solon et de Crésus.

9°. La Phrygienne faisait son séjour à Ancyre, et y rendait ses oracles.

10°. La Tiburtine, ou de Tibur, se nommait Albunée. La ville de Tibur ou Tivoli, sur le Téveron, l'honorait comme une divinité.

On croyait généralement que la nature des Sibylles tenait une espèce de milieu entre la divinité et les hommes. Le respect qu'on avait pour les vers sibyllins dura jusque bien avant sous le règne des empereurs. Le sénat ayant embrassé le christianisme du temps de Théodose, la vénération pour eux diminua beaucoup; et Stilicon finit par les faire brûler sous le règne d'Honorius.

DES JEUX.

Les jeux furent presque toujours institués par des motifs de religion ; ils étaient en même temps une sorte de spectacle chez les Grecs et chez les Romains.

Trois sortes de jeux ou d'exercices occupaient principalement les Romains ; la course, les combats et les spectacles. Les premiers, nommés *Jeux équestres* ou *curules*, consistaient en des courses qui se faisaient dans le cirque dédié à Neptune ou au Soleil. Les seconds, appelés *agonales*, étaient des luttes ou des combats entre des hommes et quelquefois des animaux dressés à cet usage. Ils avaient lieu dans l'amphithéâtre consacré à Mars et à Diane. Les derniers jeux étaient les *scéniques*, qui consistaient en tragédies, comédies et satires, qu'on représentait sur le théâtre, en l'honneur de Bacchus, de Vénus et d'Apollon.

Les jeux de la Grèce les plus célèbres furent les olympiens, les pythiens, les néméens et les isthmiens. Ils furent institués pour honorer les dieux, célébrer la mémoire des grands événemens, et former la jeunesse aux exercices du corps. On distinguait dans ces jeux cinq manières d'y procéder : 1°. la musique et le chant ; 2°. la course, qui se fit d'abord à pied, ensuite sur des chariots ; 3°. le saut et le disque, qui était une pierre fort pesante que l'on s'efforçait de lancer le plus loin possible ; 4°. la lutte, qui consistait à réunir toutes ses forces pour renverser son adversaire : les combattans étaient nus, se frottaient le corps d'huile, et répandaient sur eux une poussière très-fine, pour empêcher la sueur ; 5°. le ceste, ou l'escrime à coups de poings. Pour le ceste, on s'armait les mains de grosses courroies de cuir de bœuf, et d'une espèce de brassard nommé le ceste.

Nous avons déjà rapporté l'histoire de l'origine des jeux olympiques, l'époque où ils furent institués, et celle où ils furent renouvelés. Ils commençaient par un sacrifice solennel ; on y accourait de toutes les parties de la Grèce. Les vainqueurs étaient nommés à haute voix par un héraut, et célébrés par des chants de victoire. Ils portaient une couronne triomphale. Ils avaient les premières places dans les assemblées ; leur ville leur faisait de riches présens ; et, pendant le reste de leurs jours, ils étaient entretenus aux dépens du trésor public.

Le premier qui remporta le prix de la course fut Chorèbe, natif d'Élide.

Cynisque, fille du roi Archidamus, fut la première de son sexe qui gagna le prix de la course des chariots à quatre roues. On célébrait alors la seizième olympiade, et depuis ce temps les dames purent se mêler dans les jeux.

Avant Cynisque, ou Cynisca, les femmes ne pouvaient approcher des lieux où se célébraient les jeux. Tout essai téméraire les aurait fait précipiter du haut du mont Typée; et, pour éviter toute espèce de surprise, on combattait nu. On prit cet usage, parce que Callipatire, après la mort de son mari, s'habilla à la façon des maîtres d'exercice, et conduisit elle-même son fils Pisidore à Olympie. Le jeune homme ayant été déclaré vainqueur, sa mère sauta par-dessus la barrière, et alla le serrer dans ses bras en le nommant son fils. On lui pardonna cette infraction à la loi en considération de son père, de ses frères et de son fils, qui avaient tous été couronnés à ces mêmes jeux; mais depuis ce temps les maîtres d'exercice n'y pouvaient paraître que nus, comme les combattans. Les juges des jeux se nommaient *Hellanodiques*, ou juges des Grecs. Jamais on n'appelait de leurs décisions. Ils n'étaient d'abord que deux; mais on porta leur nombre jusqu'à dix, pour rendre plus difficile le moyen de les corrompre.

Le monde prodigieux que la célébration des jeux attirait à Olympie avait enrichi cette ville et toute l'Élide. Ce fut une des principales causes de la magnificence et de la richesse du temple de Jupiter Olympien. Autour de ce temple était un bois sacré, nommé l'*Altis*, dans lequel on trouvait les statues érigées en l'honneur de ceux qui avaient remporté les prix dans ces jeux. Elles étaient toutes de la main des sculpteurs les plus célèbres de la Grèce.

Les odes de Pindare qui nous restent immortalisent ceux qui, de son temps, avaient triomphé dans les quatre jeux les plus solennels des Grecs : les olympiques, les isthmiques, les pythiques et les néméens.

Le comble de la gloire et des honneurs était d'être chanté par Pindare. Son génie, dit Bacon, était un sceptre impérieux avec lequel il subjuguait et frappait les esprits.

Les descendans d'Hellen furent si nombreux, et devinrent si puissans dans la Grèce, qu'ils firent établir une loi par laquelle il fallait tenir à cette famille par les liens du sang, pour être admis à concourir aux jeux olympiques. Alexandre lui-même fut forcé de prouver qu'il descendait des Hellen, avant d'être reçu à entrer en lice dans ces jeux.

Toutes les familles grecques dès lors prétendirent descendre des Hellen, et ce nom particulier à un seul peuple devint le nom général des Grecs.

RECHERCHES
SUR L'ANCIENNE RELIGION
DES HABITANS DU NORD.

AVANT-PROPOS.

L'amour du travail, et cette émulation si pardonnable qui porte à ne point se borner à la simple fonction de copier les auteurs qui nous ont précédés, nous a fait faire la longue et pénible étude de lire, comparer et rapprocher tous les ouvrages qui peuvent instruire et faire connaître les coutumes, les mœurs et l'ancienne religion des habitans du Nord. Après avoir réuni tout ce qui nous était nécessaire, et après avoir achevé notre travail, nous avons désiré le perfectionner en profitant des savantes recherches faites par M. Mallet. Les autorités que nous avons consultées étant les mêmes, nos résultats ont dû souvent se ressembler; mais nous avons trop bien senti la supériorité des talens de cet estimable auteur, pour ne pas reconnaître combien son travail est préférable au nôtre. N'écoutant plus alors que notre désir d'être vraiment utile à l'instruction de la jeunesse, et ne voulant fixer son attention que sur les objets qui sont les plus dignes de l'occuper, nous nous sommes déterminés à procurer à nos lecteurs l'avantage de s'instruire dans M. Mallet lui-même : nous allons leur donner l'extrait des divers articles de son ouvrage, qui traitent de l'ancienne religion des habitans du Nord.

Nous espérons que cet hommage, que nous aimons à rendre au célèbre historien du Danemarck, déterminera nos lecteurs à se procurer ses ouvrages, qui réunissent au mérite du style les détails les plus instructifs et les plus intéressans.

Nous nous permettrons quelques additions et quelques changemens à mesure que l'ordre général de l'ouvrage et la nature des choses paraîtront l'exiger ; mais pour le plus grand avantage de nos lecteurs, nous conserverons le plus qu'il sera possible le texte élégant de M. Mallet.

ODIN, SES CONQUÊTES, SON ARRIVÉE DANS LE NORD, ET LES CHANGEMENS QU'IL Y FIT.

Une tradition célèbre, confirmée par les poésies de tous les peuples du Nord, par leurs annales, par leurs institutions et par des usages dont quelques-uns subsistent encore, nous apprend qu'un personnage extraordinaire, nommé Odin, a régné anciennement dans le Nord; qu'il y a opéré de grands changemens dans le gouvernement, dans les usages et dans la religion; qu'il y a joui d'une grande autorité, et qu'on lui a même rendu les honneurs divins. Tous ces faits ne peuvent être contestés; mais l'origine de cet homme, le pays d'où il était sorti, le temps où il a vécu, ainsi que les autres circonstances de sa vie et de sa mort, sont autant de choses incertaines sur lesquelles les recherches les plus ingénieuses ne nous démontrent que notre ignorance. Tous les témoignages qui méritent quelque sorte de confiance se trouvent compris dans celui de *Snorron*, ancien historien de Norwège, et dans les commentaires que *Torfacus* a joints à sa relation.

La république romaine touchait au faîte de la puissance, et ne voyait plus rien dans la partie connue du monde qui ne reconnût ses lois, lorsqu'un événement lui suscita des ennemis jusque dans le fond des forêts de la Scythie, et sur les bords du Tanaïs. *Mithridate*, en fuyant, avait attiré *Pompée* dans les déserts. Ce roi du Pont y cherchait un asile et de nouveaux moyens de vengeance. Il espérait d'armer contre l'ambition de Rome tous les peuples barbares, ses voisins, dont elle menaçait la liberté. Il y réussit d'abord ; mais ces peuples, alliés peu fidèles, soldats mal armés, et plus mal disciplinés, furent forcés de céder au génie de *Pompée*. *Odin* était, dit-on, de ce nombre. Obligé de se dérober par la fuite à la poursuite des Romains, il alla chercher dans des contrées inconnues à ses ennemis, la liberté qu'il ne trouvait plus dans sa patrie. Son véritable nom était *Frige*, fils de *Fridulphe*. Il avait pris celui d'*Odin*, dieu suprême des Scythes, soit qu'il eût su se faire passer pour un homme inspiré par les dieux, soit qu'il fût le premier prêtre ou le chef du culte qu'on rendait au dieu *Odin*. On sait que plusieurs nations donnaient à leurs pontifes le nom du dieu qu'ils servaient. *Frige*, rempli de ses projets ambitieux, ne manqua pas d'usurper un nom si propre à lui attirer le respect des peuples qu'il voulait assujettir.

Odin commandait, dit-on, aux *Ases*, peuple scythe, dont la patrie doit avoir été entre le Pont-Euxin et la mer Caspienne. Leur ville principale était *Asgard*. Le culte qu'on y rendait au dieu suprême était célèbre dans tous les pays voisins ; et c'était Odin qui en faisait les fonctions en chef, aidé par douze autres pontifes, espèces de druides qui rendaient aussi la justice. *Odin* ayant réuni sous ses drapeaux la jeunesse des pays voisins, marcha vers les pays du Nord et de l'Occident de l'Europe, soumettant, dit-on, tous les peuples qui se trouvaient sur son passage, et leur donnant quelques-uns de ses fils pour les commander. C'est ainsi que *Suavlami* eut la Russie ; *Baldeg*, la Saxe occidentale ou la Westphalie ; *Segdeg*, la Saxe orientale ; et *Sigge*, la Franconie. La plupart des familles souveraines du Nord descendent de ces princes. Ainsi, *Horsa* et *Hengist*, chefs de ces Saxons qui soumirent la Bretagne dans le cinquième siècle, comptaient *Odin* ou *Wóden* au nombre de leurs ancêtres : il en était de même des autres princes Anglo-Saxons. Le nom d'*Odin* désignait donc le dieu suprême des Scythes et des Celtes. On sait aussi que les héros de toutes ces nations se prétendaient issus de leurs dieux, et surtout du dieu de la guerre. Les historiens de ces temps (c'est-à-dire les poëtes) accordaient le même honneur à ceux dont ils chantaient les louanges, et multipliaient ainsi les descendans d'Odin, ou du dieu suprême.

Après avoir soumis autant de peuples à suivre les rites du culte de sa patrie, *Odin* prit la route de Scandinavie par la Chersonèse Cimbrique. Ces provinces ne lui résistèrent point ; et, peu de temps après, il passa dans la *Fionie*, qui devint sa conquête aussitôt qu'il s'y présenta. Il s'arrêta long-temps, dit-on, dans cette île agréable, et il y bâtit la ville d'*Odensée*, qui conserve encore dans son nom le souvenir de son fondateur. De là ses armes s'étendirent sur tout le Nord ; il soumit le reste du Danemarck, y fit reconnaître son fils *Sciold* en qualité de roi, titre que personne n'y avait encore porté (selon les annales islandaises), et qui passa à ses descendans, appelés de son nom *Scioldungiens*.

Odin, plus satisfait de donner des couronnes à ses fils que de régner lui-même, se rendit ensuite en Suède, où régnait un prince nommé Gylphe, qui, regardant l'auteur d'un nouveau culte, consacré par de si brillantes conquêtes, comme un être extraordinaire, lui rendit de grands honneurs, et l'adora même comme une divinité. Cette opinion, favorisée par l'ignorance des peuples, lui acquit bientôt en Suède la même autorité qu'en Danemarck ; les Suédois vinrent en foule lui rendre leurs hommages, et déférèrent d'un consentement unanime le titre et le pouvoir de roi à son fils *Yngue* et à sa postérité. De là les *Ynglingliens*, nom qui a servi long-temps à désigner les premiers rois de Suède. Gylphe mourut ou fut oublié. Odin gouverna avec un empire absolu. Il fit de nouvelles lois, introduisit les usages de son pays, établit à *Sigutna* (ville aujourd'hui détruite, et située dans la même province où est Stockholm) un conseil ou tribunal suprême, composé de douze seigneurs ou druides. Ils devaient veiller à la sûreté publique, rendre la justice au peuple, présider au nouveau culte, et conserver fidèlement le dépôt des connaissances religieuses et magiques de ce prince.

Tant de conquêtes n'avaient point encore satisfait son ambition. Le désir d'étendre sa religion, sa gloire et son autorité, lui fit entreprendre de soumettre la Norwége. Son bonheur et son habileté l'y suivirent ; ce royaume obéit bientôt à un fils d'Odin, nommé *Sæmungue*, qu'on n'a pas manqué de faire l'auteur de la famille dont les diverses branches régnèrent ensuite long-temps dans le même pays.

Après ces glorieuses expéditions, Odin se retira dans la Suède, où, sentant approcher sa fin, il ne voulut pas attendre des suites d'une maladie la mort qu'il avait tant de fois bravée dans les combats. Ayant rassemblé ses amis et ses compagnons de fortune, il se fit neuf blessures en forme de cercle avec la pointe d'une lance, diverses autres découpures dans la peau avec son épée; il déclara ensuite, en mourant, qu'il allait en Scythie prendre place avec les autres dieux, à un festin éternel, où il recevrait, avec de grands honneurs, ceux qui, après s'être intrépidement exposés dans les combats, seraient morts les armes à la main. Dès qu'il eut rendu le dernier soupir on porta son corps à *Sigutna*, où, conformément à l'usage qu'il avait apporté dans le Nord, il fut brûlé avec beaucoup de pompe et de magnificence.

Telle fut la fin de cet homme, aussi extraordinaire à sa mort que pendant sa vie. Quelques savans ont supposé que le désir de se venger des Romains fut le principe de toute sa conduite. Chassé de sa patrie par ces ennemis de toute liberté, son ressentiment, disent-ils, fut d'autant plus violent, que ces Scythes regardaient comme un devoir sacré de venger leurs injures et celles de leurs parens et de leur patrie. Il ne parcourut donc tant de contrées éloignées, et n'y établit avec tant d'ardeur sa doctrine sanguinaire, qu'afin de soulever tous les peuples contre une puissance odieuse et formidable. Ce levain fermenta long-temps en secret dans les esprits des nations du Nord ; mais, le signal étant donné, d'un commun accord elles fondirent sur cet ambitieux empire, et vengèrent enfin, en le renversant, l'affront fait à leur fondateur et à tous les peuples qu'ils avaient dépouillés et foulés à leurs pieds.

Je ne puis me résoudre, dit M. Mallet, à faire des objections contre une supposition si ingénieuse. Elle ajoute trop d'importance à l'histoire du Nord ; elle y met trop d'intérêt, trop de poésie, si j'ose ainsi parler, pour que je ne consente pas que ce soit là autant de preuves qui déposent en sa faveur. J'avoue cependant qu'il est peut-être plus simple de ne voir dans Odin que le fondateur d'un nouveau culte inconnu aux Scandinaves. Peut-être, en effet, lui, ses pères, ou les auteurs de sa religion, sont-ils venus de quelque contrée de la Scythie et des confins de la Perse. Il est plus probable encore que le dieu dont il se dit le prophète et le pontife se nommait *Odin* chez ces nations, et que l'ignorance des âges suivans confondit la divinité avec le prêtre, et fit des attributs de l'une, et de l'histoire de l'autre, un mélange où nous ne pouvons plus rien distinguer aujourd'hui. Les détails conservés sur Odin par les Islandais confirment ces conjectures.

Un des artifices qu'il employait avec le plus de succès pour se concilier le respect du peuple, était de consulter dans les affaires difficiles, la tête d'un certain *Mimer*, qui, pendant sa vie, avait eu une grande réputation de sagesse. Cet homme ayant eu la tête coupée, Odin la fit embaumer, et sut persuader aux Scandinaves qu'il lui avait rendu la parole par ses enchantemens. Il la portait toujours avec lui, et lui faisait prononcer les oracles dont il avait besoin. Un artifice semblable rappelle le pigeon qui portait à Mahomet les ordres du ciel, et montre la superstition des hommes qui leur obéissaient. Un autre trait de ressemblance entre ces deux imposteurs, c'est l'éloquence dont ils ont été doués. Les chroniques islandaises peignent Odin comme le plus persuasif des hommes. Rien, disent-elles, ne pouvait résister à la force de ses discours; quelquefois il mêlait à ses harangues des vers qu'il composait sur-le-champ. Non-seulement il était grand poëte; mais le premier il avait fait connaître aux Scandinaves les charmes de la poésie. Il était l'inventeur des caractères *runiques*; mais ce qui contribua le plus à le faire passer pour un dieu, c'est la croyance où l'on était qu'il excellait dans la magie. On croyait qu'il pouvait parcourir l'univers en un clin d'œil, qu'il disposait de l'air, des tempêtes ; qu'il pouvait ressuciter les morts, prédire l'avenir, se transformer à sa volonté ; que, par la force de ses enchantemens, il ôtait la force à ses ennemis, rendait à ses amis la santé, et découvrait tous les trésors cachés sous la terre. Ces chroniques, plus poétiques que fidèles, disent qu'il chantait des airs si mélodieux et si tendres, que les ombres, attirées par la douceur de ses chants, quittaient leurs noirs abîmes pour venir se ranger autour de lui.

Autant son éloquence, son air auguste et vénérable, le faisaient chérir et respecter au milieu d'une assemblée, autant il était redoutable et furieux dans la mêlée. La terreur qu'il inspirait à ses ennemis était si grande, que, pour la peindre, on dit qu'elle les rendait sourds et aveugles. Aussi terrible que les taureaux et les lions, ou tel qu'un loup désespéré, il se jetait au milieu des rangs ennemis en mordant son bouclier avec fureur. Il faisait autour de lui un horrible carnage, sans jamais recevoir aucune blessure. On sent, en lisant ces brillantes descriptions, que les historiens qui nous les ont transmises étaient des poëtes. Odin, apportant avec lui des arts inconnus dans le Nord, une magnificence extraordinaire, beaucoup d'adresse, et des talens peu communs, put facilement passer pour un dieu dans un pays où personne ne l'égalait, et dans lequel on donnait le nom de prodiges à tout ce dont on était étonné.

IDÉE GÉNÉRALE DE L'ANCIENNE RELIGION DES PEUPLES DU NORD.

Les auteurs grecs et latins eurent pendant long-temps peu de communications avec les peuples du Nord, qu'ils nommaient barbares. Ils ignoraient leur langue, et les Celtes se faisaient un scrupule de développer aux étrangers le fond de leur doctrine. Ceux-ci, réduits à demeurer simples spectateurs de leur culte, ne pouvaient en saisir l'esprit qu'avec peine. Cependant, en rassemblant les traits conservés par ces différens écrivains, et en les comparant avec les chroniques du Nord, on peut espérer de parvenir à distinguer les objets les plus importans.

La religion des Scythes paraît avoir été simple dans les premiers temps. Elle n'enseignait qu'un petit nombre de dogmes, qui ont été probablement la seule religion des premiers habitans de l'Europe. On remarque généralement que, sous les climats méridionaux, les hommes naissent avec des imaginations vives, fécondes et inquiètes; avides du merveilleux, leurs passions ardentes leur permettent rarement de garder un juste équilibre. Dès qu'ils ont eu altéré et ensuite perdu le souvenir des premières traditions, ils ont dû s'égarer avec une vitesse effrayante. De là les délires des Égyptiens, des Syriens, des Grecs après eux, et ce chaos connu sous le nom de mythologie. Dans le Nord, au contraire, les opinions eurent moins d'inconstance; la rigueur du climat enchaîne les esprits, ralentit l'imagination, réduit les passions; et l'homme, ne pouvant rien obtenir que par un travail pénible, détourne sur des objets de première nécessité cette activité qui produit sous les zones brûlantes tant d'inquiétude et de légèreté. Cependant, à la longue, les Scythes laissèrent corrompre leur culte par un mélange de cérémonies, les unes ridicules et les autres cruelles. Il faudra donc distinguer deux âges dans la religion de ces peuples, et ne point confondre les fictions de leurs poëtes avec la croyance de leurs sages. Cette religion des sages enseignait qu'il y avait *un Dieu suprême maître de l'univers, auquel tout était soumis et obéissant.* Tel était le dieu des Germains, selon le rapport de *Tacite.* L'ancienne mythologie islandaise appelait Dieu *l'auteur de tout ce qui existe, l'éternel, l'ancien, l'être vivant et terrible, le scrutateur des choses cachées, l'immuable.* Elle attribuait à ce dieu *une puissance infinie, une science sans bornes, une justice incorruptible.* Il était défendu de représenter la divinité sous une forme corporelle : elle ne permettait pas même qu'on la renfermât dans une enceinte de murailles. On ne pouvait la servir dignement que dans le fond des retraites ou dans des forêts consacrées. Là elle régnait dans le silence, et se rendait sensible dans le respect qu'elle inspirait. La représenter sous une figure humaine, lui supposer un sexe, lui ériger des statues, paraissaient une extravagance impie. De cette divinité suprême émanait une infinité de génies subalternes, dont chaque partie du monde visible était le siége et le temple : ces intelligences en dirigeaient les opérations; la terre, l'eau, le feu, l'air, le soleil, la lune, les astres, les arbres, les forêts, les fleuves, les montagnes, les vents, la foudre, les tempêtes, obtenaient un culte religieux, mais qui, dans les commencemens, ne se dirigeait que vers l'intelligence qui les animait. Le motif de ce culte était la crainte d'un dieu irrité par les péchés des hommes, mais clément, exorable aux prières et au repentir. On s'élevait à lui comme au principe actif qui a tout produit, et comme à l'unique agent qui conservait les êtres et dispensait les événemens. *Servir la divinité par les sacrifices et les prières; ne faire aucun tort aux autres; être brave et intrépide*, telles étaient toutes les conséquences morales que l'on tirait de ces dogmes. Enfin la croyance d'une vie à venir cimentait cet édifice religieux; des supplices cruels étaient réservés à ceux qui auraient méprisé ces trois préceptes fondamentaux, tandis que des délices sans nombre et sans fin devaient récompenser les hommes justes, religieux et vaillans.

Tels sont les principaux traits de cette religion, qui fut probablement pendant plusieurs siècles celle de la plupart des peuples du nord de l'Europe, et sans doute aussi celle de plusieurs nations de l'Asie. Elle conservait encore une assez grande pureté vers la fin de la république romaine. Le témoignage de quelques auteurs prouve que les

Germains en avaient retenu les dogmes principaux, tandis que les autres peuples, vaincus par les armes et le luxe des Romains, adoptaient leurs dieux et se soumettaient à leur joug. Il est donc probable que ce fut au temps de l'arrivée d'Odin que cette religion perdit sa première pureté; il paraît que ce conquérant, en se donnant aux peuples du Nord pour une divinité redoutable, n'eut d'autre but que d'assurer sa domination.

DE LA RELIGION DES PEUPLES DU NORD, DEPUIS ODIN.

L'Edda des Islandais et leurs anciennes poésies sont les seuls monumens qui peuvent nous donner quelques lumières sur l'ancienne religion des habitans du Nord. C'est en puisant dans ces sources que nous apprenons que la plus sensible altération qu'elle éprouva concerna le nombre des dieux que l'on devait adorer. Les Scythes adoptaient, comme le point capital de leur religion, l'adoration d'un seul être parfait, tout-puissant et supérieur à toutes les intelligences dont la nature était peuplée. Cette doctrine si raisonnable avait tant de force sur leurs esprits, qu'ils témoignèrent souvent leur haine et leur mépris pour le polythéisme de ces mêmes nations qui les traitaient de barbares ; et toutes les fois qu'ils se trouvaient les plus forts, leur premier soin était de détruire tous les objets d'un culte idolâtre. Les funestes effets de l'exemple et du temps détruisirent la simplicité de cette religion, et les Scandinaves finirent par associer au dieu suprême les divinités subalternes. La crainte, les désirs, les besoins, les passions furent l'origine de ce culte coupable, et l'on n'ignore pas que les mêmes causes ont corrompu toutes les religions imaginées par les hommes. Ces peuples dégénérés commencèrent à croire qu'un seul être ne pouvait veiller à toutes les parties de l'univers ; ils crurent devoir appeler à son secours des esprits, des génies, des divinités de tout genre. Mais leurs passions dominantes devinrent la mesure des honneurs qu'ils rendaient ; ce fut ainsi que le dieu suprême, dont l'idée première embrassait tout ce qui existe, ne fut plus honoré par le plus grand nombre des Scandinaves, que comme le dieu de la guerre. Nul objet, suivant eux, ne pouvait être plus digne de son attention et plus propre à faire éclater son pouvoir ; de là ces peintures affreuses qui, dans la mythologie islandaise, nous montrent *Odin* comme *le dieu terrible et le sévère, le père du carnage, le dé-*

populateur, l'incendiaire, l'aigle, le bruyant, celui qui donne la victoire, qui ranime le courage dans le combat, qui nomme ceux qui doivent être tués. Les guerriers en allant au combat, faisaient le vœu de lui envoyer un certain nombre d'âmes; ces âmes étaient *le droit d'Odin.* On croyait qu'il venait souvent dans la mêlée enflammer la fureur des combattans, frapper ceux qu'il destinait à périr, et emporter leurs âmes dans les demeures célestes.

Cependant, suivant l'ancienne mythologie islandaise, cette divinité terrible, qui se plaisait à répandre le sang des hommes, en était le créateur et le père. *Dieu*, dit l'Edda, *vit et gouverne pendant les siècles, dirige tout ce qui est haut et tout ce qui est bas, ce qui est grand, ce qui est petit. Il a fait le ciel, l'air et l'homme qui doit toujours vivre; et avant que le ciel et la terre fussent, ce dieu était déjà avec les géans.* Il est vraisemblable que l'ambitieux Odin confondit et mêla ainsi ces diverses doctrines, afin de consolider l'empire qu'il avait usurpé sur les hommes et sur leurs opinions. Il reste même encore aujourd'hui quelques traces du culte qu'on lui rendait parmi les peuples du Nord. Le quatrième jour de la semaine porte presque généralement son nom. On le nomme, suivant les différens dialectes, *Odensdag*, *Ousdag*, *Wödensdag* et *Wednesday*, *jour d'Odin*. Ce dieu passait aussi pour l'inventeur de tous les arts : on crut qu'il répondait au *Mercure* des Grecs et des Romains, et l'on désigna le jour qui lui était consacré par celui du jour de Mercure, *Mercredi*.

Après Odin, la principale divinité du Nord était *Frigga* ou *Fréa*, sa femme. Tous les peuples Celtes, les anciens Syriens, et les premiers habitans de la Grèce croyaient que le dieu céleste s'était uni avec la terre pour produire les divinités subalternes, l'homme et toutes les créatures. C'était là-dessus qu'était fondée la vénération qu'ils avaient pour la terre. Ils l'appelaient la *terre mère*, *la mère des dieux*. Les Phéniciens adoraient ces deux principes, sous les noms de *Tautès* et d'*Astarté*. Quelques nations scythes les nommaient *Jupiter* et *Apia*; les Thraces, *Cotis* et *Bendis*; les Grecs et les Romains, *Saturne* et *Ops*. Les Scythes servaient la terre comme une épouse du dieu suprême; Tacite attribue le même culte aux Germains, et surtout aux peuples du nord de la Germanie. On ne saurait douter que *Hertus*, ou la terre, dont il parle, n'ait été la même que la Fréa des Scandinaves. En tudesque, *Fréa* ou *Frau*, signifie une femme.

Dans la suite des temps, cette *Fréa* devint la déesse de l'amour et de la débauche, la Vénus du Nord, sans doute parce qu'elle passait pour être le principe de toute fécondité, et la mère de tout ce qui existe. C'était à elle qu'on s'adressait pour obtenir des mariages et des accouchemens heureux. Elle dispensait les plaisirs, le repos, les voluptés. L'Edda l'appelle la plus favorable des déesses. Fréa partageait avec Odin les âmes de ceux qui étaient tués à la guerre. Le sixième jour de la semaine lui était consacré, sous le nom de *Freytag*. C'est ce même jour que les Latins nommaient *dies Veneris*, le jour de Vénus, *Vendredi*.

La troisième divinité principale des Scandinaves se nommait Thor. Jules César parle expressément d'un dieu des Gaulois qui présidait aux vents, aux tempêtes. Il le désigne par le nom latin Jupiter; mais Lucain lui donne un autre nom, qui a plus de rapport avec celui de *Thor;* il l'appelle *Taranis*, nom qui, chez les Gallois, signifie encore le tonnerre. L'autorité de *Thor* s'étendait sur les vents, les saisons et la foudre. Dans le système primitif de la religion du Nord, Thor n'était vraisemblablement qu'une divinité subalterne, née de l'union d'*Odin* avec la *Terre*. L'Edda l'appelle le plus vaillant des fils d'Odin ; et la massue dont il est armé, et qu'il lance dans les airs contre les géans, désigne la foudre. Il était regardé comme le défenseur et le vengeur des dieux. Outre cette massue qui revenait d'elle-même dans la main qui l'avait lancée, et qu'il tenait avec des gantelets de fer, il possédait une ceinture qui renouvelait la force à mesure que l'on en avait besoin ; c'était avec ces armes redoutables qu'il combattait les ennemis des dieux.

Les trois divinités que nous venons de nommer composaient la cour ou le conseil suprême des dieux ; ils étaient le principal objet du culte. Mais tous les Scandinaves n'étaient point d'accord sur celui qui devait avoir la préférence. Les Danois honoraient particulièrement *Odin ;* les Norwégiens croyaient être sous l'immédiate protection de *Thor*, et les Suédois avaient choisi pour leur dieu tutélaire *Freya*, qui, suivant l'Edda, présidait aux saisons de l'année, et donnait la fertilité, les richesses et la paix.

Le nombre et l'emploi des divinités du second ordre n'est pas aussi facile à déterminer ; nous ne ferons qu'indiquer les principales.

L'*Edda* compte douze dieux et douze déesses, qui recevaient les honneurs divins ; mais dont le pouvoir était subordonné à celui d'O-

din, le plus ancien des dieux, et le principe de toutes choses. Tel était *Niord*, le Neptune du Nord, qui régnait sur la mer et sur les vents. Les Celtes le plaçaient au rang des dieux élémentaires; mais l'importance et l'étendue de son empire le faisaient redouter. L'*Edda* recommande de l'adorer dévotement, de peur qu'il ne fasse du mal. C'est ainsi que l'on éleva des temples à la fièvre, car la crainte est la plus superstitieuse des passions.

Balder était un autre dieu, fils d'Odin, sage, éloquent et doué d'une si grande majesté, que ses regards étaient resplendissans. C'était le soleil des Celtes, le même que les Grecs nommaient Apollon. *Tyr*, qu'il faut distinguer de *Thor*, était un dieu guerrier, protecteur des braves et des athlètes. *Bragé* était le dieu de l'éloquence et de la poésie. Sa femme *Iduna* avait la garde de certaines pommes dont les dieux mangeaient quand ils se sentaient vieillir, et dont le pouvoir était de les rajeunir. *Hiemdal* était leur portier. L'arc-en-ciel était le pont qui communiquait du ciel à la terre; *Hiemdal* veillait à ses extrémités pour empêcher les géans de monter au ciel; il dormait aussi légèrement que les oiseaux; pendant le jour et la nuit, il apercevait les objets à plus de cent lieues de distance, il entendait croître les herbes des prés et la laine des brebis; il portait d'une main une épée, et de l'autre une trompette, dont le bruit se faisait entendre dans tous les mondes. Les Scandinaves donnaient le nom de *Loke* au mauvais principe, et le plaçaient au nombre des dieux. C'est, dit l'*Edda*, *le calomniateur des dieux, le grand artisan des tromperies, l'opprobre des dieux et des hommes. Il est beau de sa figure, mais son esprit est méchant, et ses inclinations inconstantes ; personne, parmi les mortels, ne le surpasse dans l'art des perfidies et des ruses.* Il a eu plusieurs enfans de *Signie*, sa femme. Trois monstres aussi lui doivent l'existence : le loup *Fenris*, le serpent *Migdard*, et *Héla*, ou la Mort, tous les trois sont ennemis des dieux, qui après divers efforts ont enfermé le loup *Fenris*, jusqu'à ce qu'au dernier jour il sera lâché, et dévorera le soleil. Le serpent a été jeté dans la mer, où il restera jusqu'à ce qu'il soit vaincu par le dieu *Thor*; et *Héla*, ou la Mort, est reléguée dans les demeures inférieures, où elle a le gouvernement de neuf mondes, dont elle fait le partage entre ceux qui lui sont envoyés. *Loke*, enfermé par les dieux dans une caverne fermée par trois pierres tranchantes, frémit avec tant de rage, que c'est lui qui cause des tremblemens de terre. Il y restera captif jusqu'à la fin des siècles; mais alors il sera tué par *Hiemdal*, l'huissier des dieux.

La mythologie islandaise comptait douze déesses, à la tête desquelles était *Fréa* ou *Frigga*, l'épouse d'*Odin*. Chacune d'elles avait ses fonctions particulières. *Eira* était la déesse de la médecine ; *Gélione*, celle de la virginité ; *Fulla*, confidente de *Fréa*, prenait soin de la parure ; *Freya*, déesse des amans, et plus fidèle que Vénus, pleure sans cesse son mari *Odrus*, qui est absent : mais ses larmes sont des gouttes d'or ; *Lofna* raccommode les époux les plus désunis ; *Vara* reçoit leurs sermens, et punit ceux qui les violent ; *Snotra* est la déesse des sciences et des bonnes mœurs ; *Gna* est la messagère de *Fréa*.

Outre ces douze déesses, il y a d'autres vierges dans le *Valhalla*, ou le paradis des héros ; elles sont chargées de les servir, et se nomment *Valkiries*. Odin les emploie aussi dans les combats, pour choisir ceux qui doivent être tués, et pour faire pencher la victoire du côté qu'il lui plaît ; car ces peuples courageux se gardaient bien d'attribuer les défaites à leur faiblesse, ils ne les attribuaient, ainsi que la victoire, qu'à la seule volonté d'Odin.

La cour des dieux se tient ordinairement sous un grand frêne ; c'est là qu'ils rendent la justice. Ce *frêne* est le plus grand de tous les arbres ; ses branches couvrent la surface du monde, son sommet touche aux cieux ; il est soutenu par trois grandes racines, dont une s'étend jusqu'au neuvième monde, ou les enfers ; un aigle, dont l'œil perçant découvre tout, repose sur ses branches, un écureuil monte et descend sans cesse pour faire ses rapports ; plusieurs serpens enchaînés sur son tronc, s'efforcent de le détruire ; dans une source voisine, appelée *la fontaine des choses passées*, trois vierges puisent continuellement une eau précieuse, dont elles arrosent le frêne. Cette eau entretient la beauté de son feuillage, et, après avoir rafraîchi ses branches, elle retombe sur la terre, où elle entretient la rosée dont les abeilles composent leur miel. Les trois vierges, ou *Fées*, se tiennent toujours sous le frêne ; elles dispensent les jours des hommes ; chaque homme a la sienne, qui détermine la durée et les événemens de sa vie ; les trois principales se nomment le Passé, le Présent et l'Avenir.

Telles étaient les principales divinités du Nord, ou plutôt les idées que les poëtes en donnaient aux peuples crédules. C'était par des fictions, quelquefois ingénieuses, qu'ils cherchaient à relever la simplicité de leur religion ; mais un grand nombre de passages des anciens historiens prouvent que beaucoup de guerriers ne suivaient pas cette croyance et ne reconnaissaient d'autre divinité subalternes que leur courage.

Après avoir indiqué les noms et les attributs des principaux dieux, nous exposerons quelques autres dogmes de la religion celtique. Nous les prendrons dans l'*Edda*, et dans le poëme nommé *Volupsa*. On croit que ce dernier fut composé par *Sœmond*, surnommé le *Savant*. On trouve encore plusieurs fragmens de cette première Edda; le plus précieux est le poëme intitulé *Volupsa*, c'est-à-dire *Oracle de la Prophétesse*. Il contient environ quatre cents vers, et renferme un abrégé de toute la mythologie du Nord.

Le dieu suprême était regardé comme le créateur du ciel et de la terre. Ce que la mythologie islandaise nous a conservé là-dessus mérite d'autant plus d'attention, qu'en nous découvrant les sentimens des anciens Celtes sur ce point important, elle s'exprime quelquefois avec une élévation sublime, et nos lecteurs vont juger eux-mêmes combien il est facile d'en faire le rapprochement avec la tradition sainte.

« Dans l'aurore des siècles, dit le poëte,
» il n'y avait ni mer, ni rivage, ni zéphyrs
» rafraîchissans. On ne voyait point de terre
» en bas, ni de ciel en haut; tout n'était

» qu'un vaste abîme, sans herbe et sans se-
» mence : le soleil n'avait point de palais ; les
» étoiles ne connaissaient point leurs demeu-
» res ; la lune ignorait son pouvoir : alors il
» y avait un monde lumineux, brûlant, en-
» flammé du côté du midi, et de ce monde
» s'écoulaient sans cesse dans l'abîme, qui
» était au septentrion, des torrens de feu
» étincelant, qui, s'éloignant de leurs sour-
» ces, se congelaient en tombant dans l'a-
» bîme, et le remplissaient de scories et de
» glaces. Ainsi l'abîme se combla peu à peu ;
» mais il restait au dedans un air léger et
» immobile, et des vapeurs glacées s'en ex-
» halaient sans cesse, jusqu'à ce qu'un souf-
» fle de chaleur, étant venu du midi, fondit
» ces vapeurs, et en forma des gouttes vi-
» vantes, d'où naquit le géant *Ymer*. On ra-
» conte que, pendant qu'il dormait, il se
» forma de sa sueur un mâle et une femelle,
» desquels est descendue la race des géans,
» race mauvaise et corrompue, aussi-bien
» qu'*Ymer*, son auteur. Il en naquit une meil-
» leure, qui s'allia avec celle du géant Ymer.
» On l'appelait la famille de *Bor*, du
» nom du premier de cette famille, qui était
» père d'*Odin*. Les fils de Bor tuèrent le géant
» Ymer, et le sang coula de ses blessures en
» si grande abondance, qu'il causa une inon-

» dation générale, où périrent tous les géans,
» à la réserve d'un seul, qui, s'étant sauvé
» sur une barque, échappa avec toute sa
» famille. Alors un nouveau monde se forma.
» Les fils de Bor, ou les dieux, traînèrent
» le corps du géant dans l'abîme, et en fabri-
» quèrent le globe ; de son sang ils formèrent
» la mer et les fleuves ; la terre, de sa chair ;
» les grandes montagnes, de ses os ; les ro-
» chers, de ses dents et des fragmens de ses
» os brisés. Ils firent de son crâne la voûte du
» ciel, qui est soutenue par quatre nains,
» nommés Sud, Nord, Est et Ouest. Ils y
» placèrent des flambeaux pour l'éclairer, et
» fixèrent à d'autres feux l'espace qu'ils de-
» vaient parcourir, les uns dans le ciel, les
» autres sous le ciel. Les jours furent distin-
» gués, et les années eurent leur nombre. Ils
» firent la terre ronde, et la ceignirent du
» profond Océan, sur les rivages duquel ils
» placèrent des géans. Un jour que les fils de
» *Bor*, ou des dieux, s'y promenaient, ils
» trouvèrent deux morceaux de bois flottans,
» qu'ils prirent, et dont ils formèrent l'homme
» et la femme. L'aîné des fils leur donna l'âme
» et la vie ; le second, le mouvement et la
» science ; le troisième leur fit présent de la
» parole, de l'ouïe et de la vue, à quoi il
» ajouta la beauté et des habillemens. C'est

» de cet homme, nommé *Askus*, et de cette
» femme, nommée *Embla*, qu'est descendue
» la race des hommes, qui a eu la permission
» d'habiter la terre. »

On doit reconnaître dans cette narration, les vestiges d'une tradition générale, dont chaque peuple a orné, altéré ou supprimé diverses circonstances à son gré. Que l'on compare, en effet, les divers traits que nous venons de rapporter, avec les traditions des Chaldéens, des Syriens, des Égyptiens, avec la théogonie d'Hésiode, avec la mythologie des Grecs et des Romains, on se convaincra bientôt que la conformité qui se trouve entre plusieurs circonstances de leurs récits et la Genèse, ne peut être un effet du hasard.

La description du chaos, dans l'*Edda*; ce souffle vivifiant qui produit le géant *Ymer*; ce sommeil, pendant lequel une femelle et un mâle naissent de ses flancs; cette race des fils des dieux; ce déluge, dont un seul homme échappa avec sa famille, par le moyen d'une barque; ce renouvellement des mondes qui suit le déluge; ce premier homme, cette première femme, créés par les dieux, et qui en reçoivent le mouvement : tout cela ne peut être que les vestiges et les souvenirs d'une croyance générale et plus ancienne. On reconnaît dans ces altérations les mêmes allégories, les mêmes fictions, le même désir d'expliquer les phénomènes de la nature, qui ont dicté des fables à tous les peuples. En considérant le style de ces fables, ces expressions, tantôt sublimes, tantôt gigantesques, entassées sans art, les petitesses placées au milieu des peintures les plus magnifiques, le désordre de la narration, le tour uniforme des phrases, on ne peut méconnaître le caractère d'une haute antiquité, et la façon de s'exprimer d'un peuple simple dont l'imagination vigoureuse, méprisant ou ne connaissant pas les règles, se déploie avec toute la liberté et toute l'énergie de la nature.

Selon les Celtes, la matière déjà existante, mais sans forme et sans vie, fut animée et disposée par les dieux dans l'ordre où nous l'admirons aujourd'hui. Nulle religion n'a plus accordé que celle des Celtes à la providence divine. Ce dogme était pour eux la clef de tous les phénomènes de la nature, sans exception. Tous les corps et tous les êtres agissaient d'après l'influence des intelligences subalternes, qui n'étaient elles-mêmes que les organes et les instrumens de la volonté divine. De là cette erreur commune à tant de nations, qui faisait regarder le tremblement des feuilles, le petillement de la flamme, la chute du tonnerre, le vol ou le chant des oiseaux, les mouvemens involontaires des hommes, les songes, les visions, comme des instructions ou des inspirations du dieu suprême. De là les oracles, les divinations, les aruspices, les sorts, les augures, les présages, illusions enfantées par l'inquiétude et la faiblesse humaine. En admettant cette action immédiate et continuelle de la divinité sur toutes les créatures, les Celtes regardaient comme impossible à l'homme de rien changer au cours des choses et de résister aux destinées. Nous avons déjà vu qu'ils admettaient trois Vierges ou Fées, qui déterminaient tous les événemens. Chaque homme avait de plus une fée qui assistait au moment de sa naissance, veillait sur lui, et marquait d'avance tous les événemens de sa vie et le terme de ses jours. C'est à ce dogme de la mythologie celtique qu'il faut attribuer les fables de la féerie et le merveilleux de nos romans gothiques, comme la mythologie des Grecs et des Romains servait à l'embellissement de leurs fictions, de leurs poëmes et de leurs romans. On conçoit combien la croyance à la prédestination devait ajouter à la témérité des peuples les plus belliqueux de la terre. Les habitans du Nord joignaient à cette doctrine un préjugé plus barbare encore et plus dangereux, ils croyaient que le terme de la vie d'un homme pouvait être reculé si quelqu'un mourait pour lui. Lorsque quelque guerrier célèbre ou quelque prince était près de périr, on croyait qu'*Odin*, apaisé par le sacrifice d'une autre victime, révoquait les destins et prolongeait les jours de celui que l'on voulait sauver.

Les préceptes de la religion celte se bornaient à se montrer intrépide à la guerre, à servir les dieux, à les apaiser par des sacrifices, à n'être pas injuste, à se montrer hospitalier pour les étrangers, à être fidèle à sa parole et à la foi conjugale.

Nous allons à présent développer leurs dogmes sur l'état de l'homme après la mort, et sur les dernières destinées de ce monde.

DOGMES DES CELTES SUR L'ÉTAT DE L'HOMME APRÈS LA MORT, ET SUR LES DERNIÈRES DESTINÉES DE CE MONDE.

« Il viendra un temps, dit l'*Edda*, un âge
» barbare, un âge d'épée, où le crime infes-
» tera la terre, où les frères se souilleront du
» sang de leurs frères, où les fils seront les
» assassins de leurs pères, et les pères de
» leurs enfans; où personne n'épargnera son

» ami. Bientôt après un hiver désolant sur-
» viendra, la neige tombera des quatre coins
» du monde, les vents souffleront avec fu-
» reur, la gelée durcira la terre, trois hivers
» semblables se succéderont sans qu'aucun
» été les tempère. Alors il arrivera des pro-
» diges étonnans; les monstres rompront leur
» chaîne et s'échapperont, le grand dragon
» se roulera dans l'Océan, et par ses mouve-
» mens la terre sera inondée, les arbres se-
» ront déracinés, les rochers se heurteront;
» le loup *Fenris*, déchaîné, ouvrira sa gueule
» énorme, qui touche au ciel et à la terre;
» le feu sortira de ses naseaux et de ses yeux;
» il dévorera le soleil, et le grand dragon qui
» le suit vomira sur les eaux et dans les airs
» des torrens de venin. Dans cette confusion
» les étoiles s'enfuiront, le ciel sera fendu,
» et l'armée des mauvais génies et des géans,
» conduite par leurs princes, entrera pour
» attaquer les dieux; mais *Hiemdal*, l'huis-
» sier des dieux, se lève, il fait résonner sa
» trompette bruyante; les dieux se réveillent
» et se rassemblent; le grand frêne agite ses
» branches; le ciel et la terre sont pleins
» d'effroi. Les dieux s'arment, les héros se
» rangent en bataille; *Odin* paraît revêtu de
» son casque d'or et de sa cuirasse resplen-
» dissante; son large cimeterre est dans ses

» mains; il attaque le loup *Fenris*; il en est
» dévoré, et *Fenris* périt au même instant.
» *Thor* est étouffé dans les torrens de venin
» que le dragon exhale en mourant. Le feu
» consume tout, et la flamme s'élève jusqu'au
» ciel; mais bientôt une nouvelle terre sort
» du sein des flots, ornée de vertes prairies;
» les champs y produisent sans culture; les
» calamités y sont inconnues; un palais y est
» élevé, plus brillant que le soleil, et cou-
» vert d'or. C'est là que les justes habiteront
» et se réjouiront pendant les siècles. Alors
» le *puissant*, le *vaillant*, *celui qui gouverne*
» *tout*, sort des demeures d'en-haut pour
» rendre la justice divine; il prononce ses
» arrêts; il établit les sacrés destins qui du-
» reront toujours. Il y a une demeure éloi-
» gnée du soleil, dont les portes sont tournées
» vers le nord; le poison y pleut par mille
» ouvertures; elle n'est composée que de ca-
» davres de serpens; des torrens y coulent,
» dans lesquels sont les parjures, les assasins
» et ceux qui séduisent les femmes mariées;
» un dragon noir et ailé vole sans cesse au-
» tour et dévore les corps des malheureux
» qui y sont renfermés. »

Malgré l'obscurité qui règne dans ces descriptions, on voit que les Scandinaves éta-
blissaient comme un dogme consacré par la

religion, l'immortalité de l'âme et la punition ou la récompense des hommes, suivant qu'ils se conduisaient bien ou mal. Cette idée était générale parmi les Celtes, et c'était sur elle qu'était fondée l'obligation de servir les dieux et d'être brave dans les combats. Sans ce monument de la mythologie islandaise, nous ne connaîtrions que très-imparfaitement ce point important de la religion de nos pères. Remarquons encore que cette mythologie islandaise distingue expressément deux différentes demeures pour les heureux, et autant pour les coupables.

La première était le palais d'*Odin*, nommé *Valhalla*, où ce dieu recevait tous ceux qui étaient morts d'une manière violente, depuis le commencement du monde jusqu'à ce bouleversement général de la nature, qui devait être suivi d'une seconde génération.

La seconde était le palais couvert d'or, où les justes devaient se réjouir éternellement après le renouvellement de toutes choses.

Il en était de même du lieu des supplices. On en distinguait deux, dont le premier, nommé *Nislheim*, devait durer seulement jusqu'à la fin du monde; et le second, nommé *Nastroud*, devait être éternel. Les deux premières demeures semblaient plutôt destinées à récompenser le courage et la violence que la vertu. Ceux-là seuls qui étaient morts dans les combats avaient droit au bonheur qu'Odin préparait dans le *Valhalla*. Toute mort qui n'était point ensanglantée laissait la crainte d'entrer dans le *Nislheim*, séjour composé de neuf mondes, et réservé à tous ceux qui mouraient de maladie ou de vieillesse. *Héla*, ou la mort, y exerçait son empire; son palais était l'*angoisse*; sa table, la *famine*; ses serviteurs, l'*attente* et la *lenteur*; le seuil de sa porte, le *précipice*; son lit, la *maigreur*; et ses regards glaçaient d'effroi.

Après avoir lu ces détails, on ne doit point s'étonner si les Scandinaves et les peuples du Nord faisaient de la guerre leur principale occupation, et s'ils portaient la valeur jusqu'à l'excès du fanatisme.

SUITE DE LA RELIGION DES PEUPLES DU NORD, ET PARTICULIÈREMENT DE LEUR CULTE.

La religion celtique enseignait généralement que c'était offenser les dieux que de prétendre les renfermer dans une enceinte de murailles. On trouve encore en Danemarck, en Suède, en Norwége, au milieu des plaines ou sur les collines, des autels autour desquels on s'assemblait pour les sacrifices et pour les cérémonies religieuses. Trois longs rochers dressés sur le sommet d'une petite colline servent de base à une grande pierre plate, sous laquelle est ordinairement une cavité, qui servait probablement à recevoir le sang des victimes. On trouvait ordinairement auprès des pierres à feu, car tout autre feu n'était pas assez pur pour un usage si saint. Quelquefois ces autels sont construits avec plus de magnificence, ou plutôt cette magnificence consistait à donner de plus grandes proportions à ces autels. On en trouve encore un en *Sélande*, dont les pierres sont d'une grosseur prodigieuse; on craindrait aujourd'hui d'entreprendre un pareil ouvrage, même avec les secours de la mécanique, qui manquaient aux hommes d'alors. Ce qui redouble l'étonnement, c'est que ces pierres sont très-rares dans l'île de *Sélande*; il a fallu les transporter, et ces monumens grossiers sont plus durables que ceux des arts et de l'industrie. Dans tous les temps, les hommes ont cru que, pour mieux honorer la divinité, ils devaient faire pour elle des efforts prodigieux, et lui consacrer leurs richesses. L'Europe et l'Asie prodiguèrent leurs trésors pour construire le temple d'Éphèse. Les peuples du Nord, dont les forces, le courage et la patience étaient les seules richesses, portaient de lourdes masses de rochers sur les sommets des collines. Dans quelques endroits de la Norwége, on trouve aussi des grottes taillées dans le roc avec une patience merveilleuse, et destinées à des usages religieux.

A mesure que les peuples du Nord formèrent de nouvelles liaisons avec les autres peuples du Nord, leur religion s'altéra par degrés, peu à peu les temples s'élevèrent, et les idoles furent adoptées. Les trois principaux peuples de la Scandinavie élevèrent des temples à l'envi ; mais aucun, dit-on, ne fut plus fameux que celui d'*Upsal*, en Suède. L'or y brillait de toute part, une chaîne de ce métal entourait le toit, quoique sa circonférence eût neuf cents aunes. *Haquin*, comte de Norwége, en avait bâti un, près de *Drontcim*, presque égal à celui d'*Upsal*. Lorsqu'*Olaüs*, roi de Norwége, embrassa la foi chrétienne, il fit raser ce temple et briser les idoles. On y trouva des richesses immenses, et entre autres un anneau d'or d'un très-grand prix. L'Islande avait aussi ses temples ; les chroniques en citent deux extrêmement célèbres, et situés l'un au nord, l'autre au midi de l'île. Dans chacun de ces temples, dit un auteur de ce pays, on trouvait une chapelle particulière ou lieu sacré. C'est là que les idoles étaient placées sur un autel, autour duquel on rangeait les victimes qui devaient être immolées; près de la chapelle on voyait un puits profond dans lequel on précipitait les victimes.

Tous ces temples furent rasés lorsque le Danemarck embrassa le christianisme, le souvenir même des lieux qu'ils occupaient est perdu; mais des tables d'autels dispersées dans les bois et sur les montagnes, témoignent encore que les anciens Danois n'étaient pas moins attachés à ce culte que les autres peuples du Nord.

Le grand temple d'*Upsal* semblait être particulièrement consacré aux trois grandes divinités. On les y voyait caractérisées par leurs symboles particuliers. *Odin* tenait une épée dans sa main. *Thor*, à la gauche d'*Odin*, avait une couronne sur la tête, un sceptre dans une main, et une massue dans l'autre. Quelquefois on le peignait sur un chariot traîné par deux boucs de bois, avec un frein d'argent, et la tête environnée d'étoiles. *Frigga*, à la gauche de *Thor*, était représentée avec divers attributs qui faisaient reconnaître la déesse du plaisir.

On honorait *Odin* comme le dieu des combats et de la victoire; *Thor*, comme celui qui gouverne les saisons, qui dispense les pluies, la sécheresse et la fertilité ; *Frigga*, comme la déesse de l'amour et du mariage.

Il y avait trois grandes fêtes religieuses dans l'année. La première se célébrait au solstice d'hiver. Cette nuit s'appelait la *nuit mère*, comme étant celle qui produisait toutes les autres. Cette époque marquait aussi le commencement de l'année, qui, chez les peuples du Nord, se comptait d'un solstice d'hiver à l'autre.

Cette fête, la plus solennelle de toutes, se nommait *Juul*, et se célébrait en l'honneur de Thor ou du Soleil, pour en obtenir une année fertile. Pendant cette fête, semblable aux saturnales des Romains, les marques de la joie la plus dissolue étaient autorisées.

La seconde fête était instituée en l'honneur de la Terre ou de la déesse *Frigga*. On demandait les plaisirs, la fécondité, la victoire. Elle était placée dans le croissant de la seconde lune de l'année.

La troisième fête, en l'honneur d'*Odin*, se célébrait avec beaucoup d'éclat, à l'entrée du printemps, et l'on demandait à ce dieu des combats et des succès heureux dans les expéditions projetées.

Dans les premiers temps, les offrandes étaient simples, et telles que des peuples pasteurs pouvaient les présenter. Les prémices des récoltes et les plus beaux fruits de la terre couvraient les autels des dieux. Par la suite, on immola des animaux. On offrit à *Thor* des bœufs et des chevaux engraissés ; à *Frigga*, le pourceau le plus grand que l'on pouvait trouver ; à *Odin*, des chevaux, des chiens, des faucons, et quelquefois des coqs et un taureau gras.

Quand on eut une fois posé pour principe que l'effusion du sang des animaux apaisait la colère des dieux, et que leur justice détournait sur ces innocentes victimes les coups destinés à punir les coupables, des sacrifices si faciles se multiplièrent ; et dans les calamités publiques, ce sang paraissant trop vil, on fit couler celui des hommes. Cet usage barbare et presque universel remonte à la plus haute antiquité ; mais les nations du Nord le conservèrent jusqu'au neuvième siècle, parce qu'ils reçurent seulement alors les lumières du christianisme, et qu'ils ignoraient les arts qui avaient adouci les mœurs des Romains et des Grecs encore païens. Les peuples du Nord croyaient que le nombre trois était chéri des dieux. Chaque neuvième mois ou trois fois trois, on renouvelait les grands sacrifices ; ils duraient neuf jours, et l'on immolait neuf victimes, soit hommes, soit animaux. Mais les sacrifices les plus solennels étaient ceux qui se faisaient à *Upsal*, à chaque neuvième année. Alors le roi, le sénat et tous les individus distingués, devaient y assister et apporter leurs offrandes qu'on plaçait dans le grand temple. Les absens envoyaient leurs présens, et les prêtres étaient chargés de les recevoir. Les étrangers accouraient en foule. On n'en fermait l'accès qu'à ceux dont l'honneur avait souffert quelque tache, et surtout à ceux qui avaient manqué de courage.

Dans les temps de guerre, on choisissait les victimes parmi les captifs, et, pendant la paix, parmi les criminels. Neuf personnes étaient immolées ; la volonté des assistans et le sort, combinés ensemble, réglaient ce choix. Les malheureux que désignait le sort étaient traités avec tant d'honneurs par l'assemblée, on leur prodiguait tellement des caresses et des promesses pour la vie à venir, qu'ils se félicitaient quelquefois eux-mêmes de leur destinée. Le choix ne tombait pas toujours sur un sang vil ; plus la victime était chère, plus on croyait racheter la bienveillance divine. L'histoire du Nord est féconde en exemples de rois et de pères qui ont fait taire la nature pour obéir à cette coutume barbare.

Quand la victime était choisie, on la conduisait vers l'autel, où brûlait nuit et jour le feu sacré. Parmi les vases de fer et de cuivre, un plus grand que les autres, servait à recevoir le sang des victimes. Après avoir tué promptement les animaux, on ouvrait leurs entrailles pour y lire l'avenir; ensuite on faisait cuire la chair que l'on distribuait à l'assemblée.

Lorsque l'on immolait des hommes, ceux que l'on choisissait étaient couchés sur une grande pierre, où ils étaient étouffés ou écrasés. Quelquefois on faisait couler leur sang, et l'impétuosité avec laquelle il jaillissait était l'un des présages les plus respectés; on ouvrait aussi le corps de ces victimes pour consulter leurs entrailles, et démêler dans leurs cœurs la volonté des dieux, les biens ou les maux à venir. Les tristes restes des objets sacrifiés étaient ensuite brûlés, ou suspendus dans un bois sacré, voisin du temple. On répandait le sang en partie sur le peuple, en partie sur le bois sacré; on en arrosait les images des dieux, les autels, les bancs et les murs du temple au dedans et au dehors.

Près du temple était un puits ou une source profonde; on y précipitait quelquefois une victime dévouée à *Frigga*, déesse de la terre. Elle était agréable à la déesse, si elle allait promptement au fond, la déesse alors l'avait reçue. Dans le cas contraire, la déesse la refusait, et on la suspendait dans la forêt sacrée. Près du temple d'Upsal, on voyait un bois de cette espèce, dont chaque arbre et chaque feuille étaient regardés comme la chose la plus sainte. Ce bois, nommé le bois d'*Odin*, était rempli des corps des hommes et des animaux que l'on avait sacrifiés : on les enlevait quelquefois pour les brûler en l'honneur de *Thor*, ou le soleil ; et l'on ne doutait pas que l'holocauste ne lui eût été très-agréable, lorsque la fumée s'élevait directement. Lorsque l'on immolait une victime, le prêtre disait : *Je te dévoue à Odin, je t'envoie à Odin, ou je te dévoue pour la bonne récolte, pour le retour de la bonne saison.* La cérémonie se terminait par des festins où l'on déployait toute la magnificence connue dans ces temps-là. Les rois et les principaux seigneurs portaient les premiers des santés ou saluts en l'honneur des dieux ; chacun buvait ensuite en faisant sa prière ou son vœu.

Quelque horreur que nous ayons aujourd'hui pour les sacrifices humains, il est à remarquer, d'après les rapports de l'histoire, que cet usage barbare était presque général sur la terre. Les Gaulois ont offert longtemps des hommes à leur dieu suprême, *Esus* ou *Teutat*. Les premiers habitans de la Sicile, de l'Italie, les Bretons, les Phéniciens, les Carthaginois, tous les peuples connus de l'Europe et de l'Asie se sont couverts du même opprobre. Les Péruviens, les Mexicains offraient habituellement des sacrifices humains. Les derniers immolèrent une fois, dans une seule occasion, cinq mille prisonniers de guerre. Les peuples errans de l'Afrique et de l'Amérique s'abandonnent encore à cette coupable démence. On cesse de s'en étonner, en songeant combien les nations ignorantes sont sujettes à tomber dans l'erreur. L'homme naît environné de dangers et de maux; si la protection des lois et le secours des arts ne le rassurent point au sortir de l'enfance; s'ils ne l'adoucissent pas et ne répandent pas dans son âme le calme et la modération que font germer les affections paisibles et sociales, il est bientôt environné de mille noires terreurs qui le rendent féroce et défiant. Tous les êtres qui partagent ses besoins deviennent en quelque sorte ses annemis; de là cette soif de vengeance et de destruction que les peuples ne peuvent assouvir lorsqu'ils n'ont aucun respect pour la justice et le droit sacré de la propriété; de là cet impie préjugé qui leur fait imaginer les dieux sanguinaires comme eux; de là ces lois de sang qui frappent avec un poignard le malheureux qui veut réclamer ses droits après qu'il a été dépouillé par le crime et la force réunis contre lui.

Le même esprit d'inquiétude qui portait les peuples de l'Asie et de la Grèce à chercher tous les moyens de pénétrer dans l'avenir, agissait avec non moins de pouvoir sur les peuples du Nord. En étudiant avec soin les phénomènes de la nature, ou plutôt ce qu'ils regardaient comme les actions visibles de la divinité, ils espérèrent parvenir à connaître ses goûts, ses inclinations et ses volontés. Les oracles, les augures, les divinations et mille pratiques de ce genre, naquirent en foule de cette opinion. Les trois *Parques*, dont nous avons déjà cité les noms, rendaient les oracles dans les temples. Celui d'Upsal était le plus célèbre par ses réponses comme par ses sacrifices.

On croyait généralement que les devins et les devineresses avaient des esprits familiers qui ne les quittaient point, et qu'ils pouvaient consulter sous la forme de petites idoles. On croyait que d'autres évoquaient les mânes de leurs tombeaux, et les forçaient à raconter les destinées. Odin annonçait qu'il avait ce pouvoir ; une ode islandaise très-ancienne le peint descendant aux enfers, où il consulte une prophétesse célèbre.

L'ignorance, qui faisait regarder la poésie comme une chose surnaturelle, persuadait aussi que les lettres ou caractères *runiques* renfermaient des propriétés mystérieuses et magiques. Odin, que l'on regardait comme l'inventeur de ces caractères, assurait que, par leur moyen, il pouvait ressusciter les morts. Il y avait des lettres *runiques* pour obtenir la victoire, pour se préserver du poison, pour guérir les maux du corps, pour dissiper les chagrins. On employait les mêmes caractères dans tous les cas différens ; mais on variait leur combinaison, et la manière de les tracer. Tantôt c'était de la droite à la gauche, ou de la gauche à la droite ; quelquefois du haut en bas, ou en cercle, ou contre le cours du soleil.

Nous ne retracerons pas plus longuement le spectacle humiliant de la crédulité, de l'ignorance et de l'erreur des hommes ; ce que nous avons rapporté suffit pour faire connaître et sentir combien il était nécessaire que les hommes fussent guidés par des lumières supérieures à celles de leur raison.

RECHERCHES
SUR L'ANCIENNE RELIGION
DES PREMIERS HABITANS
DE LA GRANDE-BRETAGNE.

Pendant l'enfance des états comme pendant celle des hommes, les actions éclatantes sont rares, les arts et les sciences ne naissent qu'à la suite des siècles. Il en est de même des historiens, ils n'existent que parmi les nations déjà civilisées ; et si quelques faits des premiers âges nous parviennent, ils sont exagérés ou altérés par des traditions incertaines.

Nous avons déjà fait remarquer que toutes les nations se donnent pour fondateurs des dieux ou des héros imaginaires : nous avons montré les Grecs faisant des efforts pour voiler leur origine ; mais leurs fables mêmes (ce mélange bizarre de leurs souvenirs et des écarts de leur imagination) deviennent des monumens qui déposent en faveur de la vérité. Le nom d'un dieu, celui d'un sage inconnu jusqu'alors, et qu'il a fallu désigner par un mot pris dans une langue étrangère, sont les traces que la vérité laisse derrière elle, et que tous les efforts de l'amour-propre ne peuvent effacer.

Dans le tableau général que nous avons essayé de tracer pour faire connaître l'origine de l'idolâtrie et l'ensemble de la mythologie, on a pu reconnaître que c'est vers les contrées orientales qu'il faut porter ses regards, si l'on veut apercevoir le véritable berceau du genre humain. Plus on approfondit l'histoire, plus elle apprend que ces riches et belles contrées furent la terre natale de nos premiers pères, et qu'elles furent aussi le centre brillant d'où les arts et les sciences se répandirent sur le reste de l'univers.

Il serait beaucoup plus difficile, peut-être même impossible, d'indiquer comment et dans quel temps les îles Britanniques furent habitées. L'étude de l'histoire naturelle porte à croire qu'elles faisaient autrefois partie du continent de l'Europe ; mais ni la mémoire ni les monumens des hommes n'ont rien conservé qui puisse indiquer l'instant de cette séparation. C'est bien assez de porter ces observations sur les siècles qui ont laissé quelques vestiges, sans se perdre avec une inutile audace dans les époques imaginaires. La vanité humaine veut en vain reculer le temps ; ses plus longues périodes ne seront jamais qu'un point imperceptible au milieu de l'éternité qui les précède et les suit.

Sans prétendre indiquer le temps où l'Angleterre se peupla, il est probable que les Gaules furent habitées avant elle. Il est naturel de penser que les hommes ne se hasardèrent à travers les mers et à se fixer dans les îles, que lorsqu'ils y furent forcés par une surabondance de population.

Nous savons que les Celtes étaient les maîtres de l'Europe depuis l'embouchure de l'Oby, en Russie, jusqu'au cap Finistère. La même langue adoptée chez des nations séparées les unes des autres par des pays immenses, est le seul monument qui nous reste; mais il ne jette aucune lumière sur les commencemens de leur histoire.

Les plus renommés de tous les Celtes sont ceux qui habitaient les Gaules, et c'est aux historiens des nations contre lesquelles ils ont eu des guerres fréquentes qu'ils doivent leur célébrité. Jules César et Tacite disent que la Grande-Bretagne fut le premier pays que peuplèrent les Celtes des Gaules.

La situation respective des lieux rend cette opinion probable, et la conformité de langage et de coutumes qui existait entre les Bretons et les Gaulois ne laisse aucun doute sur cette origine. Il paraît que la colonie gauloise s'établit d'abord dans la portion de l'île qui est vis-à-vis des Gaules; elle s'étendit ensuite vers le nord, et peupla par degrés l'île entière.

Quelle que soit l'origine des habitans de la Grande-Bretagne, ils furent asssez nombreux et surtout assez courageux pour résister aux Romains, maîtres du reste du monde connu.

Leur gouvernement alors était un mélange de monarchie et d'aristocratie. Les chefs veillaient à l'exécution des lois; mais le pouvoir législatif était entre les mains des druides. Les peuples regardaient comme les organes infaillibles de la divinité ces pontifes si célèbres par leur divination et celle de leurs femmes, par leur prétendu commerce avec le ciel, et par leur manière de vivre qui était aussi austère que retirée. C'était d'après les ordres de ces pontifes suprêmes que la nation se réunissait sous un seul chef, dont la magistrature, semblable à la dictature romaine, ne devait durer que le temps nécessaire pour écarter les dangers ou terminer les guerres.

Les druides conservèrent pendant longtemps cette grande autorité chez les Celtes, et surtout dans la Grande-Bretagne ; mais, dès le second siècle, leur crédit baissa considérablement, parce que les guerres se multiplièrent, et parce que la noblesse, entraînée par son bouillant courage, ne se pressa plus autant d'entrer dans cet ordre. Le nombre des prêtres diminua, et les préceptes de la religion furent bientôt altérés et presque oubliés dans le tumulte des camps.

La victoire, en favorisant ceux des chefs que l'on nommait *Vergobrets* (titre égal à celui de rois), rendit leur pouvoir plus indépendant des druides. Tremnor, bisaïeul du célèbre Fingal, avait été élu vergobret par les tribus victorieuses qu'il avait conduites aux combats. Les druides députèrent vers lui pour lui ordonner de se démettre de son autorité. Le refus de Tremnor fit naître une guerre civile, dans laquelle un très-grand nombre de druides périrent ; ceux qui purent échapper au carnage se cachèrent au fond des forêts et des cavernes, où ils avaient coutume de se retirer pour se livrer à leurs méditations ; et les vergobrets, ou rois, s'emparèrent seuls de toute l'autorité.

Cependant les rois et les chefs des tribus, pour affermir leur pouvoir, pour rendre hommage à la religion, et pour avoir des chantres de leurs exploits, rappelèrent les bardes du fond des forêts. La fonction de ces druides, d'un rang inférieur, était de chanter les dieux et les héros. Les vainqueurs, jaloux d'immortaliser leurs noms, épargnèrent ces dispensateurs de la gloire; ils les attirèrent dans leurs camps, et, la reconnaissance animant la poésie des bardes, ils peignirent leurs protecteurs comme des héros doués de toutes les vertus. Ces disciples des druides étaient admis à la science et associés aux mystères des premiers pontifes. Leur génie et leurs connaissances les élevaient au-dessus du vulgaire. Ils consacrèrent leurs chants à la peinture de toutes les vertus et de tous les sentimens héroïques. Les rois s'empressèrent de prendre pour modèles les héros des poëmes imaginés par les bardes. Les chefs des tribus s'efforcèrent d'égaler les rois ; et cette noble émulation, se communiquant à toute la nation, forma le caractère général des habitans de la Grande-Bretagne, qui, dans tous les temps, surent unir à la valeur fière des peuples libres les plus belles vertus des nations civilisées.

La gloire d'un grand peuple éveille le génie de l'homme sensible que la nature a doué d'une belle imagination; il brûle d'immortaliser son pays. Le langage vulgaire lui paraît au-dessous des actions qu'il veut célébrer. Il sait que la mesure et l'harmonie imprimeront plus facilement ses récits dans la mémoire. Telle fut sans doute l'origine de la poésie chez tous les peuples, et cet art faisait partie de la religion des druides.

L'usage constant chez toutes les nations, de répéter les poëmes historiques dans les occasions solennelles, et de les faire apprendre aux enfans, a suffi pour les conserver long-temps sans le secours de l'écriture.

Les Germains ont transmis jusqu'au huitième siècle ces traditions poétiques; il ne faut donc pas s'étonner si les habitans de la Grande-Bretagne, toujours si attachés au souvenir de leurs ancêtres, ont transmis de génération en génération les poëmes de leurs bardes. C'est à cet usage, conservé parmi les habitans les plus reculés des montagnes, que Macpherson a dû la possibilité de recueillir les poésies du célèbre Ossian.

Les bardes, après avoir été pendant long-temps les premiers instituteurs et les premiers historiens de leur pays, descendirent de ces hautes fonctions à celle d'être les flatteurs de ceux qui les protégeaient, ou les détracteurs de ceux qu'ils regardaient comme leurs ennemis. Les petites passions ont toujours la funeste propriété d'égarer et même d'éteindre le génie. Les bardes, en oubliant les nobles inspirations de leur prédécesseurs, n'eurent plus d'autre pouvoir que celui d'amuser ou de flatter l'amour-propre. L'orgueil lui-même se lasse des éloges dont intérieurement il se reconnaît indigne : les grands dédaignèrent bientôt les basses flatteries des bardes. Ils ne furent plus accueillis que par la multitude ; mais n'ayant plus assez de talens pour peindre la vérité sous des couleurs intéressantes, ils eurent recours aux inventions les plus puériles; le ridicule merveilleux des châteaux enchantés, des fées, des nains, des géans, vint succéder aux tableaux les plus sublimes de la poésie; cet abus fatigua le peuple lui-même; il délaissa ces bardes, ils disparurent.

Les guerriers cependant conservèrent leur valeur, et ne voulurent point renoncer au brillant avantage d'entendre célébrer leurs exploits; le courage et le noble désir de secourir les opprimés et de redresser les torts, firent naître l'esprit de chevalerie; il produisit des prodiges d'héroïsme, et les grandes actions réveillèrent le génie de quelques hommes. Ceux-ci vinrent remplacer les bardes, sous le nom de *Troubadours*. Il paraît que c'est jusque-là qu'il faut remonter pour trouver l'origine de ces romans de chevalerie, si singuliers et si beaux qu'ils causent encore aujourd'hui notre admiration. On doit se rappeler, en les lisant, que, pour attacher, ils avaient besoin d'être vraisemblables ; car l'art ne peut se faire aimer qu'en imitant bien la nature. Quelle idée ne devons-nous pas avoir des chevaliers que l'on a voulu peindre dans les romans de la Table Ronde, du Saint-Gréal, des Amadis ! etc., etc.

Un esprit juste retranchera toujours de ces récits ce qui ne tient qu'au merveilleux ; mais tout cœur noble et valeureux se gardera bien de révoquer en doute les prodiges de la vaillance.

Il est à remarquer que c'est dans la Grande-Bretagne que les Troubadours et les vieux romanciers placent les héros des premiers romans de chevalerie. Il faut aussi remarquer que tous les historiens, après avoir peint les druides comme des pontifes très-supérieurs à ceux des autres nations, se réunissent tous pour placer les druides de l'Angleterre au-dessus des druides des autres pays. Ils vantent ceux du collége de Chartres, ceux de la forêt de Marseille, ceux des environs de Toulouse ; mais tous ajoutent que, lorsque dans ces colléges on trouvait un sujet qui annonçait de grandes dispositions, on l'envoyait se perfectionner à l'école des druides de la Grande-Bretagne. Il résulte de cette suite d'observations que, dès les temps les plus anciens, les habitans de la Grande-Bretagne ont étonné le reste du monde par leur sagesse, leurs lumières et leur bravoure.

IDÉES RELIGIEUSES DES PREMIERS HABITANS DE LA GRANDE-BRETAGNE.

Il paraît certain que les premiers Bretons n'élevaient aucun temple à la divinité. On trouve même dans les poésies d'Ossian, que ce barde sublime témoigne du mépris pour les temples et le culte d'*Odin*, dieu des Scandinaves, qu'il appelle *Loda*. Ossian représente ces peuples invoquant leur dieu, autour d'une statue qu'il appelle la *pierre du pouvoir*. Il blâme ce culte, et le regarde comme impie. Les druides, les bardes et les peuples qu'ils instruisaient, regardaient la nature entière comme le temple de la divinité. On ne peut douter qu'ils avaient des notions sur l'existence d'un Être suprême, puisqu'ils croyaient à l'immortalité de l'âme, aux peines et aux récompenses dans l'autre vie.

Suivant leur opinion, les nuages étaient le séjour des âmes après le trépas; les hommes vaillans et vertueux étaient reçus avec joie dans les *palais aériens de leurs pères*, tandis que les méchans, les lâches et les barbares étaient exclus de la demeure des héros, et condamnés à errer sur les vents. Il y avait différentes places dans les palais des nuages. Le mérite et la bravoure obtenaient la première, et cette idée servait à redoubler l'émulation des guerriers. L'âme conservait les mêmes goûts que pendant la vie. Les palais aériens n'offraient que les mêmes honneurs que l'on avait toujours préférés.

On croyait que les âmes commandaient aux vents, aux tempêtes : mais leur pouvoir ne s'étendait pas jusque sur les hommes. Jamais un héros ne pouvait entrer dans le palais de ses pères, si les bardes n'avaient pas chanté sur lui l'hymne funèbre : cet hymne paraît avoir été la seule cérémonie essentielle de leurs funérailles. On étendait le corps sur une couche d'argile, au fond d'une fosse de six ou huit pieds de profondeur. On plaçait à côté d'un guerrier son épée et douze flèches. On recouvrait son corps d'une seconde couche d'argile, sur laquelle on mettait un bois de cerf ou de quelque autre bête fauve; quelquefois on tuait son dogue favori pour le placer sur cette couche d'argile. On recouvrait le tout d'une terre choisie, et quatre pierres rangées aux quatre côtés marquaient l'étendue de la tombe.

Un barde seul pouvait ouvrir les portes du palais aérien, en chantant l'hymne funèbre. L'oubli de cette cérémonie laissait l'âme dans les brouillards du lac *Légo* ou de quelques autres, et l'on attribuait aux âmes oubliées et malheureuses les maladies fréquentes, et quelquefois mortelles, que causent les vapeurs des lacs et des marais. On prévoit avec quel soin les bardes entretenaient les opinions qui rendaient leur ministère si consolant et si nécessaire.

On ne croyait point que la mort pût rompre les liens du sang et de l'amitié. Les ombres s'intéressaient à tous les événemens heureux ou malheureux de leurs amis. Aucune nation dans le monde n'a donné plus de croyance aux apparitions. Les montagnards, surtout, semblant se plaire dans les plus sombres idées, allaient souvent passer des nuits au milieu des bruyères; le sifflement des vents et le bruit des torrens leur faisaient croire qu'ils entendaient la voix des morts; et lorsque le sommeil venait les surprendre au milieu de leurs rêveries, ils regardaient leurs songes comme des présages certains de l'avenir.

Les bons ou les mauvais esprits n'apparaissaient pas de la même manière : les bons se montraient à leurs amis pendant le jour et dans les vallées riantes et solitaires ; les mauvais ne se montraient jamais que pendant la nuit, au milieu des orages et des vents.

La mort ne détruisait pas le charme des belles ; leurs ombres conservaient les traits et les formes de leur beauté ; la terreur ne les environnait jamais ; et, lorsqu'elles traversaient les airs, leurs mouvemens étaient gracieux, et le bruit léger qu'on entendait avait quelque chose de doux et de rassurant. Au moment d'exécuter une grande entreprise, on croyait que les âmes des pères descendaient de leurs nuages et venaient prédire le bon ou le mauvais succès : elles avertissaient du moins par quelques présages lorsqu'elles ne se laissaient pas apercevoir.

Chaque homme croyait avoir son ombre tutélaire qui le suivait sans cesse ; lorsque sa mort approchait, l'esprit protecteur se montrait à lui dans la situation où il devait mourir, et il poussait des cris plaintifs. A la mort des grands personnages, on était persuadé que les âmes des bardes morts chantaient pendant trois nuits autour de son fantôme.

On croyait généralement que, dès qu'un guerrier cessait d'exister, les armes qu'il avait dans la maison paraissaient teintes de sang ; que son ombre allait visiter le lieu de sa naissance, et qu'elle apparaissait à ses dogues, qui poussaient à son aspect des hurlemens lugubres.

C'était aux esprits que l'on attribuait la plupart des effets naturels. L'écho venait-il frapper les oreilles, c'était l'esprit de la montagne que l'on entendait. Le bruit sourd qui précède les tempêtes était le rugissement de l'esprit de la colline. Si le vent faisait résonner les harpes des bardes, c'étaient les ombres qui, par ce tact léger, prédisaient la mort d'un grand personnage. Un chef ou un roi ne perdait jamais la vie sans que les harpes des bardes attachés à sa famille ne rendissent ce son prophétique.

On sent combien il paraissait consolant de peupler toute la nature des ombres de ses ancêtres et de ses amis, dont on se croyait sans cesse environné. Malgré toute la mélancolie qu'inspiraient ces idées, on sent combien elles avaient d'intérêt et de charmes : elles suffisaient pour attacher et remplir l'imagination. C'est à cette cause, sans doute, qu'il faut attribuer le petit nombre des divinités que l'on honorait en Angleterre; il paraît même certain qu'*Ésus*, *Dis*, *Pluton*, *Samothès*, *Teutatès* et quelques autres dieux, n'étaient parvenus à leur connaissance que par leur communication avec les étrangers. Les Pictes et les Saxons leur firent connaître leur *Andate*, déesse de la victoire : les Romains leur apportèrent aussi quelques-uns de leurs dieux. Tacite et Dion Cassius assurent que ce furent les Gaulois qui apportèrent en Angleterre l'horrible coutume d'immoler des victimes humaines. En étendant plus loin ces recherches, on retrouverait aussi des vestiges du culte des Phéniciens ; car tout sert à prouver que, dès les temps les plus reculés, ces premiers navigateurs du monde venaient apporter leurs marchandises dans la Grande-Bretagne, et les changeaient contre de l'étain ; mais nous n'entrerons pas dans de plus grands détails sur ces cultes venus des étrangers, puisque toutes les histoires, toutes les traditions et toutes les coutumes prouvent jusqu'à l'évidence que la religion des druides était la seule qui fût généralement adoptée.

Nous allons nous occuper du soin de faire connaître ce que l'histoire et les traditions ont conservé de plus certain sur ces hommes si célèbres.

DES DRUIDES.

César et Tacite se contredisent; le premier, en disant que la religion des druides avait pris naissance en Angleterre; le second en disant que les Gaulois, en peuplant cette île, y avaient porté leurs mystères.

« Pour concilier les deux auteurs, dit
» M. l'abbé Banier, on peut croire que les
» Gaulois, en passant en Angleterre, y portèrent leur religion; mais que ces insulaires
» plus réfléchis et moins en guerre contre les
» autres nations que ne l'étaient les Gaulois,
» en conservèrent toute la pureté. Telle est,
» ajoute-t-il, l'origine du respect profond que
» les druides des Gaules avaient pour ceux de
» l'Angleterre, qu'ils regardaient comme leurs
» plus habiles maîtres.

» Le monde, poursuit M. l'abbé Banier,
» ne forma d'abord qu'une seule famille et
» n'eut qu'une seule croyance. Les hommes,
» en se séparant, ont altéré la pureté de leur
» religion primitive. Les uns, venus par terre
» du côté du Nord, sous le nom de *Scythes*,
» de *Celto-Scythes* et de *Celtes*, ont peuplé
» les vastes contrées qui nous séparent de
» l'Asie; les autres, plus hardis, ont tenté les
» périls de la mer. L'histoire prouve que

» les Phéniciens et les Carthaginois ont pé-
» nétré jusqu'au fond de l'Occident; de là,
» sans doute, cette ressemblance de culte entre
» des peuples séparés par tant de mers et tant
» de terres. »

Ce rapprochement explique parfaitement le parallèle que l'on a fait si souvent entre les mages et les druides, et prouve que les Gaulois tenaient leur religion des Perses, ou du moins des peuples qui les avoisinaient par le Nord.

Les mages et les druides, également considérés dans leur pays, étaient toujours consultés sur les matières de grande importance. Ils étaient les uns et les autres seuls ministres de leur religion. Les mages rejetaient l'opinion qui donne aux dieux une origine humaine, et ne les séparaient point en dieux et en déesses. Il en était de même parmi les druides. Les uns et les autres gouvernaient l'état, les rois les consultaient. Leur habit blanc se ressemblait. Les ornemens d'or leur étaient interdits également. Organes et protecteurs de la justice, ils rendaient les sentences et veillaient sur ceux qu'ils chargeaient de cette auguste fonction. L'immortalité de l'âme était le point capital de la croyance chez les Perses et chez les Gaulois; ni les uns ni les autres n'avaient de temples ni de statues. Les Perses adoraient le feu ; les druides entretenaient un feu éternel dans leurs forêts. Les Perses rendaient à l'eau un culte religieux ; les Gaulois rendaient les mêmes honneurs à cet élément. Ces ressemblances suffisent pour faire croire que la religion des mages et celle des druides avaient la même origine ; les différences que l'on y trouvait peuvent avoir été causées par les guerres, l'éloignement et le temps.

La religion des Gaulois paraît avoir été toujours plus pure que celle des autres peuples : leurs idées sur la divinité étaient bien plus justes et bien plus spirituelles que celles des Grecs et des Romains. Tacite, Maxime de Tyr et les autres historiens, nous apprennent que les druides étaient persuadés qu'on doit honorer l'Être suprême par le respect et le silence autant que par les sacrifices ; mais cette première simplicité n'existait plus même avant les conquêtes des Romains. Les druides, oubliant leur première sagesse, s'adonnèrent à la divination, à la magie, et tolérèrent ces horribles sacrifices dans lesquels on immolait des victimes humaines à *Ésus* et à *Teutatès*. Tacite, Lactance et Lucain nous attestent cette cruelle dégradation.

Les conquêtes de Jules César introduisirent de nouveaux dieux dans les Gaules, et l'on y bâtit alors les premiers temples, tandis que les druides de la Grande-Bretagne continuèrent l'exercice de leur antique religion, au milieu des forêts dont les ombres majestueuses inspiraient une frayeur religieuse. Ces bois étaient si sacrés parmi eux, qu'il n'était pas permis de les abattre; on ne pouvait s'en approcher qu'avec un respect religieux, et seulement pour les orner de fleurs et de trophées. On ne pouvait employer aux usages ordinaires certains arbres, même lorsqu'ils tombaient de vétusté. Ce respect tenait à la grande idée qu'ils avaient de la divinité; ils étaient persuadés que des temples ne pouvaient la renfermer et que des statues ne pouvaient pas la représenter.

Les Gaulois avaient aussi le plus grand respect pour les lacs et les marais, parce qu'ils croyaient que la divinité se plaisait à les habiter; le plus célèbre de ces lacs était celui de Toulouse, dans lequel on jetait l'or et l'argent pris sur les ennemis. On joignait à ce culte celui des fleuves, des rivières, des fontaines et du feu.

Les Gaulois avaient au milieu de leurs forêts des espaces consacrés au culte et aux cérémonies religieuses. C'était là qu'ils enfouissaient les trésors pris sur les ennemis, et que l'on immolait les prisonniers; on les renfer-

mait dans des colosses d'osier, on les environnait ensuite de matières combustibles, et le feu les consumait. César fit piller ces lieux secrets par les troupes; c'est de là que des historiens mal instruits ont assuré que les anciens Gaulois avaient des temples. « Ces
» peuples, dit Tacite, n'ont pour temple
» qu'une forêt, où ils s'acquittent des devoirs
» de leur religion. Personne ne peut entrer
» dans ce bois s'il ne porte une chaîne, marque
» de sa dépendance et du domaine suprême
» que Dieu a sur lui. »

Rien n'est plus célèbre dans l'histoire des anciens Gaulois, que les forêts du pays de Chartres. Les forêts de Marseille et de Toulouse étaient presqu'aussi célèbres. C'était au milieu d'elles que se rassemblaient les écoles des druides des Gaules. Chartres était pour ainsi dire la métropole des Gaules; mais ces trois colléges se réunissaient pour reconnaître la supériorité de lumières qu'avaient sur eux les druides de la Grande-Bretagne.

DES DIFFÉRENTES CLASSES DES DRUIDES ; DE LEUR MANIÈRE DE VIVRE ; DE LEURS HABILLEMENS ET DE LEURS FONCTIONS.

Le nom des druides vient sans aucun doute du mot celtique *deru*, qui veut dire *chêne*. Ces ministres se divisaient en différentes classes. Les druides composaient la première ; ils étaient les chefs suprêmes, et ceux qui les suivaient étaient tellement leurs inférieurs, que, par respect, ils devaient s'éloigner aussitôt que les druides paraissaient. Ils ne pouvaient rester en leur présence qu'après en avoir obtenu la permission. Les ministres inférieurs étaient les *bardes*, les *saronides* et les *cubages* ou *vates*.

Les bardes, dont le nom celtique veut dire un chantre, célébraient en vers les actions des héros, et les chantaient en s'accompagnant avec des harpes. On attachait un si grand prix à leurs vers qu'ils suffisaient pour immortaliser. Ces bardes, quoique moins puissans que les druides, jouissaient d'une si grande considération que, s'ils se présentaient au moment où deux armées allaient en venir au combat, ou l'avaient même commencé, on déposait les armes pour écouter leurs propositions. Ils ne se bornaient pas à faire l'éloge des héros ; ils avaient aussi le droit de censurer les actions des particuliers qui s'écartaient de leurs devoirs.

Les saronides instruisaient la jeunesse et lui inspiraient des sentimens vertueux.

Les eubages ou vates avaient le soin des sacrifices, et s'appliquaient à la contemplation de la nature. Par la suite des temps, les druides réservèrent à eux seuls les fonctions de la religion, et les ministres subalternes n'exercèrent plus aucun emploi que par la permission des druides.

L'origine de ces pontifes se perd dans l'antiquité la plus reculée. Aristote, Phocion et beaucoup d'autres avant eux, les peignent comme les hommes les plus sages et les plus éclairés en matière de religion. On avait une si grande idée de leur savoir, que Cicéron dit qu'ils furent les inventeurs de la mythologie.

Les druides, cachés dans leurs forêts, y menaient la vie la plus austère. C'était là que les nations allaient les consulter ; et Jules César, qui n'admirait ordinairement que les vertus d'éclat, fut tellement étonné de leur manière de vivre et de leur science, qu'il ne put leur refuser son estime.

Les druides formaient différens colléges dans les Gaules : le plus célèbre de tous était celui du pays Chartrain ; le chef de ce collége était le souverain pontife des Gaules. C'était dans les bois de cette contrée que s'offraient les grands sacrifices, et que les grands du pays et les généraux se rassemblaient.

Après le collége de Chartres, celui de Marseille était le plus considérable ; rien n'était plus renommé que la forêt de ce pays ; et Lucain inspire une sorte de frayeur religieuse lorsqu'il peint la manière dont César la fit abattre.

Les jeunes et les vieux druides avaient tous les mêmes principes et les mêmes règles. Leurs habillemens cependant différaient un peu, selon les provinces où ils vivaient et selon les grades qu'ils occupaient.

La cérémonie de la profession se faisait en recevant l'accolade des vieux druides. Le candidat, après l'avoir reçue, quittait l'habillement ordinaire pour se revêtir de celui des druides, qui était une tunique qui n'allait que jusqu'à la moitié des jambes. Cet habillement désignait le sacerdoce, et jamais les femmes ne pouvaient y être admises.

L'autorité des druides était si grande, qu'on n'entreprenait aucune affaire sans les consulter. Ils présidaient aux États, décidaient la paix ou la guerre à leur gré, punissaient les coupables, et pouvaient déposer les magistrats et même les rois, lorsqu'ils n'observaient pas les lois du pays. Leur rang était supérieur à celui des nobles. Tout pliait devant eux; et c'était à leurs soins que l'on confiait l'éducation de la jeunesse la plus distinguée, de sorte qu'ils la préparaient, dès ses premières années, à se pénétrer de respect pour les druides.

C'était à eux qu'appartenait le droit de créer chaque année les magistrats qui devaient gouverner les cités. Ils pouvaient élever un de ces magistrats jusqu'à la dignité de vergobret, qui égalait celle des rois; mais ce prétendu roi ne pouvait rien faire sans l'avis des druides. Eux seuls convoquaient le conseil; de sorte que les vergobrets n'étaient vraiment que les ministres et les premiers sujets des druides.

Arbitres suprêmes de tous les différens, de tous les intérêts des peuples, la justice ne se rendait que par leur ministère. Ils décidaient également des affaires publiques et des affaires particulières. Lorsque, dans un procès, ils adjugeaient un bien disputé à celui qu'ils désignaient comme le légitime possesseur, son adversaire devait se soumettre, ou il était frappé d'anathème, et dès lors tout sacrifice lui était interdit; la nation entière le regardait comme impie, et n'osait plus communiquer avec lui.

Les druides étaient chargés de tous les détails de la religion, ce qui leur donnait un pouvoir sans bornes : sacrifices, offrandes, prières publiques et particulières, science de prédire l'avenir, soin de consulter les dieux, de répondre en leur nom, d'étudier la nature; droit d'établir de nouvelles cérémonies, de nouvelles lois, de veiller à l'exécution des anciennes ou de les réformer, telles étaient les fonctions et les pouvoirs illimités dont ils jouissaient sans aucune contestation.

Leur état les dispensait d'aller à la guerre et les exemptait de tout impôt. Le nombre des aspirans à cet ordre était immense, et l'on y admettait tous les états et toutes les professions ; mais l'on était arrêté par les longueurs du noviciat, et par l'indispensable nécessité d'apprendre et de retenir dans la mémoire le nombre prodigieux des vers qui contenaient les maximes sur la religion et sur le gouvernement politique.

Les femmes gauloises pouvaient anciennement être admises au rang des druidesses; elles jouissaient alors de toutes les prérogatives de l'ordre; mais elles exerçaient leurs fonctions séparément des hommes. Leurs divinations les avaient rendues plus célèbres que les druides eux-mêmes.

Lorsqu'Annibal passa les Gaules, elles

jouissaient encore des droits suprêmes ; car il était dit, dans un traité qu'il fit avec les Gaulois : Si quelque Carthaginois faisait tort à un Gaulois, la cause serait portée au tribunal des femmes gauloises. Par la suite des temps, les druides les dépouillèrent de cette autorité ; mais on ignore l'époque de leur usurpation.

DOCTRINE DES DRUIDES ; LEURS SUPERSTITIONS ; CÉRÉMONIE DU GUI DE CHÊNE.

Toute la doctrine des druides tendait à rendre les hommes sages, justes, vaillans et religieux. Les points fondamentaux de cette doctrine se réduisaient à trois : Adorez les dieux, ne nuisez à personne, et soyez courageux. Leur science, dit Pomponius Méla, était de connaître la forme et la grandeur de l'Être suprême, le cours des astres et des révolutions ; ils prétendaient connaître l'ensemble de l'univers, et la retraite dans laquelle ils vivaient leur laissait tout le temps nécessaire pour s'instruire.

On ne peut douter que les druides et les Gaulois n'aient regardé l'âme comme immortelle ; c'était la seule persuasion de ce dogme qui leur faisait regarder la mort comme un moyen assuré de parvenir à une vie plus heureuse. Ils mettaient une grande différence entre ceux qui mouraient paisiblement au milieu de leurs parens ou amis, et ceux qui perdaient la vie en servant la patrie. Les premiers étaient enterrés sans cérémonie, sans éloges, sans les chansons composées en l'honneur des morts. On croyait que les guerriers se survivaient à eux-mêmes ; on transmettait leurs noms aux générations futures, et ils allaient goûter un bonheur éternel dans le sein de la divinité. Eux seuls avaient des tombeaux, des épitaphes ; mais le dogme de l'immortalité de l'âme n'en était pas moins général : il ne peut souffrir de partage, et les druides le professaient clairement ; mais on regardait seulement comme entièrement condamnés à l'oubli des hommes ceux qui n'avaient illustré leur vie par aucune action guerrière, éclatante, ou utile au bien général. Cet usage se fondait sur le génie belliqueux des Gaulois et des autres Celtes, qui ne prisaient rien autant que la profession des armes.

Les druides enseignaient qu'un jour l'eau et le feu détruiraient toutes choses ; ils croyaient à la métempsycose, qu'ils n'avaient pu apprendre de Pythagore, puisqu'ils l'ensei-

naient long-temps avant que ce philosophe
voyageât dans les Gaules.

De temps immémorial ils avaient l'usage
d'ensevelir les morts ou de renfermer les cendres dans des urnes. Ils plaçaient dans les
tombeaux les armes des morts, leurs meubles
précieux, et les cédules de l'argent qu'ils
avaient prêté. Ils écrivaient même des lettres
à leurs amis, quoique morts. L'une de leurs
maximes était que toute lettre jetée dans la
tombe arrivait à son adresse.

Les druides communiquaient de vive voix
leurs sciences et leur doctrine à leurs can-
didats, dont le noviciat était extrêmement
long. Jamais ils n'écrivaient leurs maximes
ni rien de leurs sciences. C'était en vers qu'ils
rédigeaient toutes les connaissances, et il fallait les apprendre de mémoire. Ces vers étaient
en si grand nombre, qu'il fallait souvent
quinze et jusqu'à vingt années pour les apprendre et les retenir. La doctrine des druides, dit Jules César, était mystérieuse, et
ne pouvait être connue de personne.

Les druides cultivaient aussi la médecine ;
on leur accordait sur ce point une confiance
sans bornes, parce que l'on était persuadé
qu'ils connaissaient l'influence des astres, et
qu'ils lisaient dans l'avenir. Ces sages, si respectés d'abord et si dignes de l'être, finirent

par s'adonner à l'astrologie, à la magie et à la divination, dans l'espoir d'augmenter leur crédit et leur autorité : ils avaient reconnu que les peuples sont toujours plus amoureux du merveilleux que de la vérité. Ils avaient quelques connaissances de la botanique; mais ils mêlaient tant de pratiques superstitieuses à la manière dont ils cueillaient leurs plantes, qu'il était facile de voir qu'ils n'en connaissaient qu'un très-petit nombre. Pline rapporte la manière dont ils cueillaient la *selage* : il fallait l'arracher sans couteau et de la main droite, qui devait être couverte d'une partie de la robe; on la faisait ensuite passer dans la main gauche avec vitesse, comme si on l'avait dérobée; il fallait en outre être vêtu de blanc, avoir les pieds nus, et avoir offert un sacrifice avec du pain et du vin.

La verveine se cueillait avant le lever du soleil, le premier jour de la canicule, après qu'on avait offert à la terre un sacrifice d'expiation, dans lequel on employait des fruits et du miel; cette plante, ayant été cueillie de cette manière, avait, disaient-ils, toutes les vertus. Elle guérissait toutes les maladies. Il ne fallait que s'en frotter pour obtenir tout ce que l'on désirait; elle avait le pouvoir de concilier les cœurs aliénés par l'inimitié; tous ceux que cette plante pouvait toucher sentaient à l'instant la paix et la gaieté naître au fond de leur cœur.

Il faut aussi ranger au nombre de leurs superstitions leur persuasion qu'à la mort des grands personnages leurs âmes excitaient des orages et des tempêtes. Le bruit du tonnerre, tous les mouvemens extraordinaires et violens de la nature, tous les météores, annonçaient, selon eux, la mort d'un grand personnage.

Les druides se plaisaient à laisser croire qu'ils pouvaient changer de forme à leur gré, et qu'ils pouvaient se faire transporter dans les airs; mais la plus cruelle de toutes les superstitions était celle d'immoler des victimes humaines. Cet usage barbare ne put être aboli que par l'extinction du druidisme. Les édits nombreux des empereurs romains contre ce crime prouvent son existence.

La plus solennelle de toutes les cérémonies était celle de cueillir le gui de chêne. Cette plante parasite naît sur quelques autres arbres; mais les druides croyaient que Dieu avait principalement choisi le chêne pour lui confier cette plante précieuse. Ils parcouraient les forêts pour la chercher avec le plus grand soin. Ils se félicitaient entre eux lorsqu'après de longues et pénibles recherches ils pouvaient en découvrir une certaine quantité.

On ne pouvait cueillir cette plante qu'au mois de décembre et le sixième jour de la lune. Ce mois et le nombre six étaient sacrés pour eux. C'était toujours le six de la lune qu'ils faisaient leurs principaux actes de religion.

Au jour destiné pour la cérémonie de cueillir le gui, on s'assemblait avec le plus grand éclat, on allait en procession vers les lieux où se trouvait la plante; deux devins marchaient en avant en chantant des hymnes et des cantiques. Un héraut, portant un caducée, venait après eux; trois druides le suivaient, et portaient les instrumens nécessaires pour le sacrifice; enfin le chef des pontifes, revêtu d'une robe blanche, terminait cette procession, et une foule immense marchait à sa suite. Lorsque l'on était parvenu au pied de l'arbre, le chef des druides montait sur le chêne, coupait le gui avec une faucille d'or, et les druides le recevaient avec un grand respect dans le *sagum*, espèce de saie blanche.

Après l'avoir reçu, l'on immolait deux taureaux blancs; un festin suivait, et lorsqu'il était terminé, on adressait des prières à la divinité, pour qu'elle attachât à cette plante un bonheur qui pût se faire sentir à tous ceux à qui on en distribuait des parcelles.

C'était au premier jour de l'an que l'on sacrait le gui et qu'on le distribuait au peuple.

PRINCIPALES MAXIMES DES DRUIDES.

Nous allons donner les maximes principales des druides, telles qu'elles sont parvenues jusqu'à nous ; mais nous prions d'observer que la tradition seule a pu les conserver, puisque les druides ne les écrivaient jamais : il est même probable qu'elles ont été composées d'après ce que l'antiquité nous apprend sur leur doctrine.

1°. Il faut être enseigné dans les bocages par les prêtres sacrés.

2°. Le gui doit être cueilli avec un grand respect, toujours, s'il est possible, le sixième jour de la lune, et il faut se servir d'une faucille d'or pour le couper.

3°. Tout ce qui naît tire son origine du ciel.

4°. On ne doit pas confier le secret des sciences à l'écriture, mais seulement à la mémoire.

5°. Il faut avoir grand soin de l'éducation des enfans.

6°. Les désobéissans doivent être éloignés des sacrifices.

7°. Les âmes sont immortelles.

8°. Les âmes passent dans d'autres corps après la mort de ceux qu'elles ont animés.

9°. Si le monde périt, ce sera par l'eau ou par le feu.

10°. Dans les occasions extraordinaires il faut immoler un homme. On pourra prédire l'avenir selon que le corps tombera, selon que son sang coulera, ou selon que la plaie s'ouvrira.

11°. Les prisonniers de guerre doivent être immolés sur des autels, ou être enfermés dans des paniers d'osier, pour être brûlés vifs en l'honneur des dieux.

12°. Il ne faut pas permettre le commerce avec les étrangers.

13°. Celui qui arrivera le dernier à l'assemblée des états, doit être puni de mort.

14°. Les enfans doivent être élevés jusqu'à l'âge de quatorze ans hors de la présence de leurs père et mère.

15°. L'argent prêté en cette vie sera rendu aux créanciers dans l'autre monde.

16°. Il y a un autre monde, et les amis qui se donnent la mort pour accompagner leurs amis y vivront avec eux.

17°. Toutes les lettres données au mourant ou jetées dans les bûchers sont fidèlement rendues dans l'autre monde.

18°. Que le désobéissant soit chassé, qu'il ne reçoive aucune justice, qu'il ne soit reçu dans aucun emploi.

19°. Tous les pères de famille sont rois dans leurs maisons; ils ont puissance de vie et de mort sur leurs femmes, leurs enfans, et leurs esclaves.

Telles sont les principales maximes recueillies des druides; il suffit de les parcourir, pour apercevoir combien il était facile à ces pontifes de commander à l'opinion et de subjuguer tous les esprits, en les voyant s'emparer de la première éducation de la jeunesse, et frapper d'anathème quiconque oserait leur désobéir.

DES DRUIDESSES.

Nous avons déjà dit que toute la morale des druides se réduisait à trois points principaux : Honorez les dieux, ne nuisez à personne, et soyez courageux. Comment concilier avec ces maximes sublimes celle qui donne aux pères de famille droit de vie et de mort sur leurs femmes, leurs enfans et leurs esclaves? « L'autorité paternelle et domestique, » dit l'abbé Banier, « n'était fondée sur aucune loi » positive, mais seulement sur le respect et

» l'amour. » Jules César et Tacite se plaisent sans cesse à peindre le respect que les Gaulois et les Germains avaient pour leurs femmes; celles des druides partageaient l'autorité de leurs époux; elles étaient consultées dans les affaires politiques et dans celles de la religion; il y avait même dans les Gaules des temples élevés depuis les conquêtes des Romains, dans lesquels les druidesses seules ordonnaient et réglaient tout ce qui concernait la religion, et dont l'entrée était interdite aux hommes.

Les Celtes et les Gaulois, dit M. Mallet dans son excellente Introduction à l'histoire de Danemarck, s'étaient montrés bien supérieurs aux Orientaux, qui passent de l'adoration au mépris, et des sentimens d'un amour idolâtre à ceux d'une jalousie inhumaine, ou à ceux d'une indifférence plus insultante encore que la jalousie. Les Celtes regardaient leurs femmes comme des égales et des compagnes dont l'estime et la tendresse ne pouvaient être glorieusement acquises que par des égards, des procédés généreux et des efforts de courage et de vertu.

Les poésies d'Ossian prouvent que les habitans des îles Britanniques ont toujours porté ce respect et ces égards aussi loin qu'aucune autre nation du monde. Fidèles à la beauté que leur cœur avait choisie, ils n'eurent jamais plusieurs femmes à la fois, et souvent les épouses déguisées suivaient le héros à la guerre.

Dans les temps brillans de la chevalerie, nous trouvons sans cesse les tableaux de ces mêmes mœurs et de ce même respect pour les femmes : la reconnaissance venait encore y ajouter ; car, dès qu'un chevalier était blessé, les dames s'empressaient à le servir, et presque toutes connaissaient l'art de panser les blessures. Elles ne se bornaient pas à ces soins : pendant le temps de la convalescence, le charme de leur conversation servait à modérer le courage bouillant des chevaliers; et, pour mieux rappeler leurs travaux à leur souvenir, elles leur lisaient les poëmes et les romans dans lesquels on mettait en action tout ce que l'héroïsme peut produire.

Nous croyons donc pouvoir douter de la vérité de la maxime atroce qui donnait aux druides l'horrible droit d'abuser de la force pour opprimer et même quelquefois égorger l'innocence et la faiblesse. Ces pontifes étaient jaloux de leur autorité; mais elle était si grande et si bien reconnue, que, pour la maintenir, ils n'avaient pas besoin d'être cruels dans leurs familles. Tous les peuples tombaient à leurs pieds, rien n'était au-dessus de leur puissance ; comment auraient-ils pu se plaire à remplir de terreur les compagnes qui seules pouvaient donner des charmes à leur solitude, les enfans qui devaient perpétuer leur mémoire, et les esclaves qui veillaient à prévoir et à satisfaire tous leurs besoins ? Cette maxime, si elle est vraie, ne peut appartenir qu'au temps de la plus grande dégradation des druides et des Gaulois.

Il existait trois sortes de druidesses : les premières vivaient dans le célibat ; les secondes, quoique mariées, demeuraient dans les temples qu'elles desservaient, et ne voyaient leurs maris que pendant un seul jour de l'année ; enfin les troisièmes ne quittaient point leurs époux, et prenaient soin de l'intérieur de la famille.

Malgré ces différences, les druidesses ne formaient véritablement que deux classes. La première était composée de prêtresses, et les femmes de la seconde classe n'étaient que les ministres des prêtresses, dont elles devaient exécuter les ordres.

La demeure la plus ordinaire des druidesses était dans les îles qui bordent les côtes des Gaules et de l'Angleterre. Les druides en habitaient aussi quelques-unes ; mais alors on n'y rencontrait point de druidesses. C'était dans ces îles que les druides, ou les druidesses, s'exerçaient le plus à la magie. Les peuples des Gaules et de l'Angleterre croyaient généralement qu'ils pouvaient exciter à leur gré les orages et les tempêtes.

L'inquiète curiosité des hommes place le pouvoir de lire dans l'avenir au-dessus de tous les autres. Les druides, après avoir persuadé aux peuples qu'ils connaissaient les influences des astres et les événemens futurs, abandonnèrent presque entièrement à leurs femmes cette portion de leur ministère.

Témoins du respect presque idolâtre que les Gaulois et les Germains avaient pour les femmes, ils sentirent qu'elles auraient bien plus qu'eux le don de persuader et de faire croire à leurs prédictions. Ils leur renvoyèrent toutes les questions sur l'avenir; elles firent des réponses si habiles, que leur réputation se répandit dans tout l'univers; on venait les consulter de toutes parts, et leurs décisions inspiraient infiniment plus de confiance que les oracles de la Grèce et de l'Italie. Les empereurs les firent souvent consulter lorsqu'ils furent les maîtres des Gaules. L'histoire a conservé grand nombre de leurs réponses, et ne fait aucune mention particulière de celles des druides.

Nous terminerons cet article en citant ce que l'on connaît de plus certain sur le moment où les druides et les druidesses furent entièrement abolis.

Suétone, Aurélius Victor et Sénèque, soutiennent que ce fut sous l'empire de Claude ; mais comme ils subsistèrent beaucoup plus long-temps, il paraît qu'ils n'ont voulu parler que des sacrifices humains dont cet empereur leur interdit absolument l'usage. On trouvait encore des druides dans le pays Chartrain jusqu'au milieu du cinquième siècle. Il paraît certain que leur ordre ne cessa d'exister qu'au temps où le christianisme triompha entièrement des superstitions des Gaulois ; et ce triomphe n'arriva que très-tard dans quelques provinces

FIN.

TABLE DES MATIÈRES

Contenues dans le Tome second.

	Pages.
Des Demi-Dieux et des héros; réflexions préliminaires.	1
Notions générales sur l'Histoire de la Grèce et sur les temps héroïques.	6
Royaume d'Argos.	12
Des temps héroïques ou fabuleux.	14
Déluge d'Ogygès.	16
Marbres de Paros.	17
Royaume d'Athènes.	19
Royaume de Laconie ou Lacédémone.	22
Déluge de Deucalion.	23
Arrivée de Cadmus dans la Grèce.	24
Arrivée de Pélops dans la Grèce.	26
Prise de Troie.	27
Des Héros.	29
Histoire de Persée.	33
Fable de Méduse et des Gorgones.	36
Fable d'Andromède.	39
Explication des fables qui tiennent à l'histoire de Persée.	42
Bellérophon et la Chimère.	45
Histoire du premier Minos, de Rhadamanthe et de Sarpédon.	48

TABLE DES MATIÈRES.

Pages.

Histoire de Minos second : Aventures du Minotaure, et commencemens de Thésée. 52
Histoire de Phèdre et d'Hippolyte. 62
Histoire de Dédale; Labyrinthe de Crète. 65
Mélanges historiques sur Thésée. 69
Histoire d'Hercule. 79
Explication des travaux d'Hercule. 84
Histoire des successeurs d'Hercule 103
Voyage des Argonautes; Histoire de Jason et de Médée. 106
Arrivée des Argonautes dans la Colchide. 118
Retour des Argonautes. 122
Suite des aventures de Jason et de Médée. 126
Histoire de Castor et de Pollux. 133
Histoire d'Orphée. 137
Chasse de Calydon; Méléagre; Atalante. 143
Des deux guerres de Thèbes. 150
Guerre de Troie. 156
De l'antiquité des Temples. 168
Temple de Bélus. 173
Temple de Diane à Éphèse. 177
Temple de Jupiter Olympien. 179
Temple d'Apollon à Delphes. 180
Panthéon de Rome. 182
Des Oracles. 186
Oracle de Dodone. 189
Oracle d'Ammon. 191
Oracle de Delphes. 193
Oracle de Trophonius 198
Des autres Oracles. 201
Des Sibylles. 203
Des Jeux 210
Recherches sur l'ancienne religion des habitans du Nord; Avant-propos. 215
Odin, ses conquêtes, son arrivée dans le Nord, et les changemens qu'il y fit. 217

TABLE DES MATIÈRES.

Pages.

Idée générale de l'ancienne religion des peuples du Nord. 226
De la religion des peuples du Nord depuis Odin. . 230
Dogmes des Celtes sur l'état de l'homme après la mort, et sur les dernières destinées de ce monde. 246
Suite de la religion des peuples du Nord, et particulièrement de leur culte 250
Recherches sur l'ancienne religion des premiers habitans de la Grande-Bretagne 262
Idées religieuses des premiers habitans de la Grande-Bretagne. 271
Des Druides 277
Des différentes classes des Druides, de leur manière de vivre, de leurs différens habillemens et de leurs fonctions 282
Doctrine des Druides, leurs superstitions; cérémonie du gui de chêne 287
Principales maximes des Druides 293
Des Druidesses 295

FIN DE LA TABLE.

www.ingramcontent.com/pod-product-compliance
Lightning Source LLC
Chambersburg PA
CBHW071259160426
43196CB00009B/1356